Eva Pilgrim

WIR RETTEN DIE WELT

Mit Experimenten, Challenges und DIYs rund um die 17 Nachhaltigkeitsziele der UN

INHALT

1 KEINE ARMUT
2 KEIN HUNGER
3 GESUNDHEIT UND WOHLERGEHEN
4 HOCHWERTIGE BILDUNG
5 GESCHLECHTER-GLEICHHEIT
6 SAUBERES WASSER UND SANITÄR-EINRICHTUNGEN
7 BEZAHLBARE UND SAUBERE ENERGIE
8 MENSCHENWÜRDIGE ARBEIT UND WIRT-SCHAFTSWACHSTUM
9 INDUSTRIE, INNOVATION UND INFRASTRUKTUR
10 WENIGER UN-GLEICHHEITEN

WOHLSTAND

FRIEDE

PARTNERSCHAFT

VORLAGEN

VORLAGEN-DOWNLOAD

Die Poster und Vorlagen zu diesem Buch stehen in deiner Digitalen Bibliothek unter **www.topp-kreativ.de/digibib** nach erfolgter Registrierung zum Ausdrucken und direkt anschauen bereit. **Den Freischalte-Code findest du im Impressum.**

11 NACHHALTIGE STÄDTE UND GEMEINDEN
12 NACHHALTIGE/R KONSUM UND PRODUKTION
13 MASSNAHMEN ZUM KLIMA-SCHUTZ
14 LEBEN UNTER WASSER
15 LEBEN AN LAND
16 FRIEDEN, GERECHTIGKEIT UND STARKE INSTITUTIONEN
17 PARTNER-SCHAFTEN ZUR ERREICHUNG DER ZIELE

17 ZIELE FÜR NACHHALTIGE ENTWICKLUNG

VORWORT

Unsere Erde und ihre Bewohner sind einzigartig, Vielfältig und Wertvoll! Darum müssen wir sie schützen!

Dieses Buch soll dazu einladen mit der „Nachhaltigkeitsbrille“ auf dieses wichtige Thema zu schauen.

Du hast sicherlich schon von unterschiedlichen Seiten viel über das Thema Nachhaltigkeit gehört und gelesen – nun überlegen wir mit Fakten und spielerischen Ideen was eigentlich schief läuft.

Aber wo fängt man an?

Irgendwie hängt alles miteinander zusammen – Umwelt, Rohstoffe, Gerechtigkeit und der Umgang mit anderen Menschen.

Wie genau und was Nachhaltigkeit mit 17 Zielen zu tun hat, soll das Buch mit seinen Ideen, Challenges und Experimenten veranschaulichen.

Denn nur wenn wir verstehen, was schief läuft, können wir ein Gespür für Nachhaltigkeit bekommen und selber abschätzen, welche Auswirkungen unser eigenes Handeln auf die Natur, die kommenden Generationen und das Leben in anderen Regionen der Erde hat.

Ich heiße Eva und lebe mit meinem Mann und unseren zwei Söhnen am Stadtrand in der Nähe von Stuttgart. Aufgewachsen bin ich im Schwarzwald sehr ländlich und naturnah. Ich kannte das Wort Nachhaltigkeit als Kind nicht, dennoch war es etwas, dass mich von meiner Kindheit an begleitet hat.

Heute, aus Sicht einer Pädagogin und Mutter, würde es mich freuen von Beginn an mehr Themen auf den Stundenplänen aller Kinder wieder zu finden, die ihre Zukunft betreffen. Denn wir brauchen neben Erwachsenen, die umdenken, auch mitdenkende Kinder!

Dieses Buch soll uns allen einen Anreiz schaffen etwas zu verändern und andere dazu animieren mitzumachen.

Ich wünsche dir viel Freude beim Ideen ausprobieren, Neues lernen und vor allem die Welt retten!

Eva

Ich habe vor einigen Jahren meinen Instagram-Account kleine Schlawiner ins Leben gerufen um Eltern zu zeigen, dass es nicht viel braucht um das Interesse von Kindern zu wecken. Auf @kleine_schlawiner findet ihr einfache Spielideen mit Materialien, die man schon zuhause hat. Ich freue mich, wenn ihr vorbeischaut.

WIE GEHT ES DER ERDE UND IHREN BEWOHNER:INNEN AKTUELL?

Hunger: Nahrungsmittel sind nicht gerecht aufgeteilt. Dabei werden schon jetzt genug Lebensmittel für die gesamte Bevölkerung produziert. Trotzdem gibt es viele Menschen, die hungern, weil sie in Gebieten leben, in denen Nahrungsmittel knapp sind. In anderen Ländern wird Nahrung verschwendet und weggeworfen.

Bildung: Wo ein Kind aufwächst, entscheidet oft über seine Bildungsmöglichkeiten. Aber auch das Geschlecht oder Behinderungen führen dazu, dass Menschen von Bildung ausgeschlossen werden.

Plastikmüll: Überall ist Plastikmüll, selbst im Meer schwimmen tausende Teile und Tiere sterben, weil sie darin hängenbleiben oder den Müll mit Nahrung verwechseln.

Krieg: Immer wieder kommt es zu Konflikten, die von Politiker:innen nicht auf friedliche Weise gelöst werden, sondern mit Waffengewalt.

Arbeitslosigkeit: Aufgrund der fortschreitenden Digitalisierung ist der Arbeitsmarkt unsicher. Viele Menschen haben Angst vor Arbeitslosigkeit.

Klimawandel: Wir produzieren durch Fabriken, Fahrzeuge und andere Geräte immer mehr schlechte Gase, die in unsere Luft gelangen. Diese Gase bilden eine Hülle um die Erde und verhindern, dass die Wärme der Sonne zurück ins Weltall gelangt. Dadurch, dass die Sonnenwärme auf der Erde festgehalten wird, verändert sich das Klima auf der Erde.

Es wird immer wärmer. Das hat zur Folge, dass das Eis an den Polen schmilzt und damit der Meeresspiegel steigt. Außerdem kommt es zu Naturkatastrophen wie Stürmen, Überflutungen, Waldbränden, Hitzewellen, Trockenheit und Starkregen.

Tiere und Pflanzen sterben aus: Wir Menschen greifen in die Natur ein und zerstören Lebensräume. Das hat zur Folge, dass ganze Arten aussterben.

AGENDA 2030 – WARUM GEHT DAS ALLE WAS AN?

Wir alle wollen, dass unsere wundervolle Erde sich wieder erholt und es auch in Zukunft möglich ist, auf ihr zu leben. Das geht aber nur dann, wenn wir aufwachen und endlich gemeinsam daran arbeiten, unsere Erde zu retten!

Das klingt bei der Vielzahl an Problemen nicht einfach. Darum ist es wichtig, dass wir alle Menschen einbeziehen und gemeinsam eine Zukunft schaffen.

Die Vereinten Nationen (UNO) – das ist ein Zusammenschluss von 193 Ländern - haben gemeinsam 17 Ziele für eine bessere Welt aufgeschrieben. Neben dem Schutz der Umwelt stehen Frieden und Wohlstand für alle Menschen im Mittelpunkt. Diese Ziele sollen für unsere Zukunft viel verändern. Darum heißen sie auch: Ziele für nachhaltige Entwicklung

Alle Länder helfen mit, diese Ziele bis zum Jahr 2030 umzusetzen. Egal ob sie arm oder reich sind: es ist wichtig, dass alle einen Beitrag dafür leisten, dass in Zukunft alle Menschen die gleichen Chancen auf ein gesundes und zufriedenes Leben in Freiheit und Sicherheit haben.

ABER WAS VERSTEHT MAN EIGENTLICH UNTER NACHHALTIGKEIT?

Wir leben auf einem **Planeten**, den wir für die **nachfolgenden Generationen** – unsere Kinder, Enkel und Urenkel – schützen müssen. Es geht dabei aber nicht nur um Umweltschutz. Das merkst du schon, wenn du genau hinhörst, wo der Begriff „Nachhaltigkeit" überall auftaucht.

Im Laden findest du **nachhaltig produzierte Kleidung**, es gibt nachhaltig geführte Landwirtschaft. Oder aber nachhaltige Holzwirtschaft, bei der im Wald nur so viel Holz geschlagen wird, wie nachwächst.

Ja, es geht dabei um die **Umwelt**, aber auch um **Wirtschaft** und **Gesellschaft**. Alle drei Bereiche sind gleichermaßen wichtig und müssen bei nachhaltigen Lösungen berücksichtigt werden. So schaffen wir es die Welt zu retten und für alle **Verantwortung** zu **übernehmen**!

Was genau sind die Ziele und wie kann ich aktiv werden?

NACHHALTIGKEIT GANZHEITLICH BETRACHTEN

In der Agenda 2030 der UN werden 17 Ziele für eine nachhaltige Entwicklung festgelegt. Diesen übergeordnet stehen 5 Kernbereiche. Du wirst im Laufe des Buches schnell feststellen, dass alles miteinander zusammenhängt und eine gesamtheitliche nachhaltige Entwicklung nur möglich ist, wenn wir das Problem gemeinsam angehen.

MENSCH

Wir brauchen eine Welt ohne Armut und Hunger. Wenn Menschen unwürdig leben oder von der Gesellschaft benachteiligt werden, muss etwas an ihrer Lebenssituation verbessert werden, damit Ungleichheiten endlich weniger werden.

PLANET

Durch den Klimawandel ist unser Planet stark bedroht. Wir müssen ihn schützen, damit auch weitere Generationen auf ihm leben können. Das geht nur, wenn wir gemeinsam nachhaltiger mit der Natur und den Meeren umgehen und Wege finden, den Klimawandel zu stoppen.

WOHLSTAND

Die Welt muss gerechter und fairer werden. Es sollen alle Menschen einen Vorteil durch den wirtschaftlichen, sozialen und technischen Fortschritt haben. Und alle eine menschenwürdige Arbeit finden.

FRIEDEN

Wir wollen ein friedliches Zusammenleben auf der Welt. Es sollte für alle Menschen selbstverständlich sein, sicher ohne Krieg, Verfolgung oder Gewalt zu leben.

PARTNERSCHAFT

Gemeinsam erreichen wir was. Damit die ehrgeizigen, aber wichtigen Ziele der Agenda 2030 erreicht werden ist es wichtig, dass alle mitmachen und zusammenarbeiten.

Alle heißt: jede und jeder Einzelne von uns, aber auch Organisationen und Staaten.

DIE 17 ZIELE:

Der Weg zur Nachhaltigkeit

NACHHALTIGKEITSSTRATEGIEN

Um nachhaltiger zu leben und die 17 Ziele zu erreichen, müssen auch wir unsere Lebensweise überdenken. Uns einzuschränken ist nicht einfach, aber die Strategien helfen dabei.

Weniger

Auf etwas verzichten, was man nicht unbedingt braucht.

Beispiel: Lieber teilen als besitzen (Spielzeug, Werkzeug, Auto).

Besser

Rohstoffe, die zur Verfügung stehen, besser einsetzen.

Beispiel: Eine LED benötigt ein Sechstel der Energie einer Glühbirne.

Anders

So produzieren/ einkaufen, dass es weniger Abfälle und mehr Produkte gibt.

Beispiel: Mehrweg Flaschen anstelle von Einweg.

Gerechter

Eine gerechte Verteilung und Beteiligung von dem, was da ist.

Beispiel: Fair Trade Lebensmittel/ Kleidung kaufen.

Dauerhaft bleibend

So produzieren/einkaufen, dass die Produktion weiter fortgeführt werden kann, ohne der Umwelt zu schaden.

Beispiel: Landwirtschaft so betreiben, dass aus der Ernte Saatgut für das nächste Jahr zurückgelegt wird.

MENSCH

1 KEINE ARMUT

2 KEIN HUNGER

3 GESUNDHEIT UND WOHLERGEHEN

4 HOCHWERTIGE BILDUNG

5 GESCHLECHTER-GLEICHHEIT

1 KEINE ARMUT

KEINE ARMUT

Ziel ist es, Armut in jeder Form und überall zu beenden.

Keiner soll arm sein.

2022 waren in Deutschland nur 5,4 % der Menschen arbeitslos. Allerdings stieg in den letzten Jahre die Anzahl der „Armutsgefährdeten". Deren Einkommen liegt unterhalb von 60 % des mittleren Einkommens.

Arme Menschen leben oft nur mit dem Nötigsten. Arbeitslosigkeit ist der häufigste Grund, warum Menschen in einem reichen Land wie Deutschland arm sind. Kinder, die in einer Familie mit geringem Einkommen aufwachsen, müssen auf vieles verzichten, was für andere Gleichaltrige selbstverständlich ist. Fachleute sprechen da von **„relativer Armut"**.

In Deutschland werden Kinder aus Familien mit geringem Einkommen unterstützt, damit sie bessere Chancen haben, zu lernen und sich weiterzuentwickeln.

Der Staat gibt Geld für Mittagessen an Schulen, Schwimmkurse, Musikinstrumente oder Nachhilfe.

Es gibt Büchereien zum kostenlosen Ausleihen von Medien.

Jeder 10. Mensch auf unserer Erde lebt in extremer Armut und hat nicht genug Geld, genügend Essen zu kaufen.

Weltweit gibt es Länder, in denen viele Menschen in **„absoluter Armut"** leben. Sie leiden unter großem Hunger, müssen auf der Straße schlafen und können sich die nötige medizinsche Versorgung nicht leisten. Sie kämpfen täglich ums Überleben.

Ziel bis 2030: Armut jeglicher Art mindestens um die Hälfte reduzieren.

Im Sozialkaufhaus kann man günstig alles Mögliche erwerben.

Es gibt Geld- oder Sachspenden wie Spielzeug, Kleidung oder Lebensmittel.

ZU
VERSCHENKEN

MEINS WIRD DEINS

Du brauchst:

- eine alte Kiste oder einen leeren Karton
- ein paar Stifte oder Farben
- evtl. Stoffreste, Karton, Holzstab zum verschönern.

So geht's:

Wenn du Lust hast deine Kiste bunt zu gestalten, mach das unbedingt. So werden sicherlich einige Leute darauf aufmerksam, wenn sie am Straßenrand steht. Was sie dann noch braucht ist ein „ZU VERSCHENKEN"-Schild.

Fertig gestaltet befüllst du die Kiste mit den alten Sachen, die du gerne verschenken möchtest und ab damit nach draußen!

Du kannst Dinge, die du nicht mehr benötigst, die aber noch gut sind, natürlich auch verkaufen. So freut sich jemand anderes darüber und du kannst dir noch etwas Geld mit dem Verkauf verdienen.

Beachte, wenn du eine **„Zu Verschenken-Kiste"** aufstellst:

Stelle sie am besten auf dein eigenes Grundstück oder dicht an die Hauswand, so dass sie niemanden stört.

Auf dem Gehweg sollte sie nicht länger als einen Tag stehen bleiben.

2 KEIN HUNGER

KEIN HUNGER

Ziel ist es, Hunger zu beenden, gesunde Ernährung für jeden zu erreichen und eine nachhaltige Landwirtschaft zu fördern.

Niemand soll Hunger leiden!

Gründe für weltweiten Hunger sind komplex:

- Klimawandel
- Naturkatastrophen
- Lange Dürrezeiten, schlechte Ernten
- Kriege, zerstörte Erntefelder
- Armut, fehlende Mittel

Maßnahmen gegen den Hunger:

- Wirtschaftswachstum durch nachhaltige Landwirtschaft
- Zugang zu dem nötigen Wissen
- Soziale Sicherungssysteme
- Katastrophenvorsorge (Getreidespeicher, dürreresistentes Saatgut)

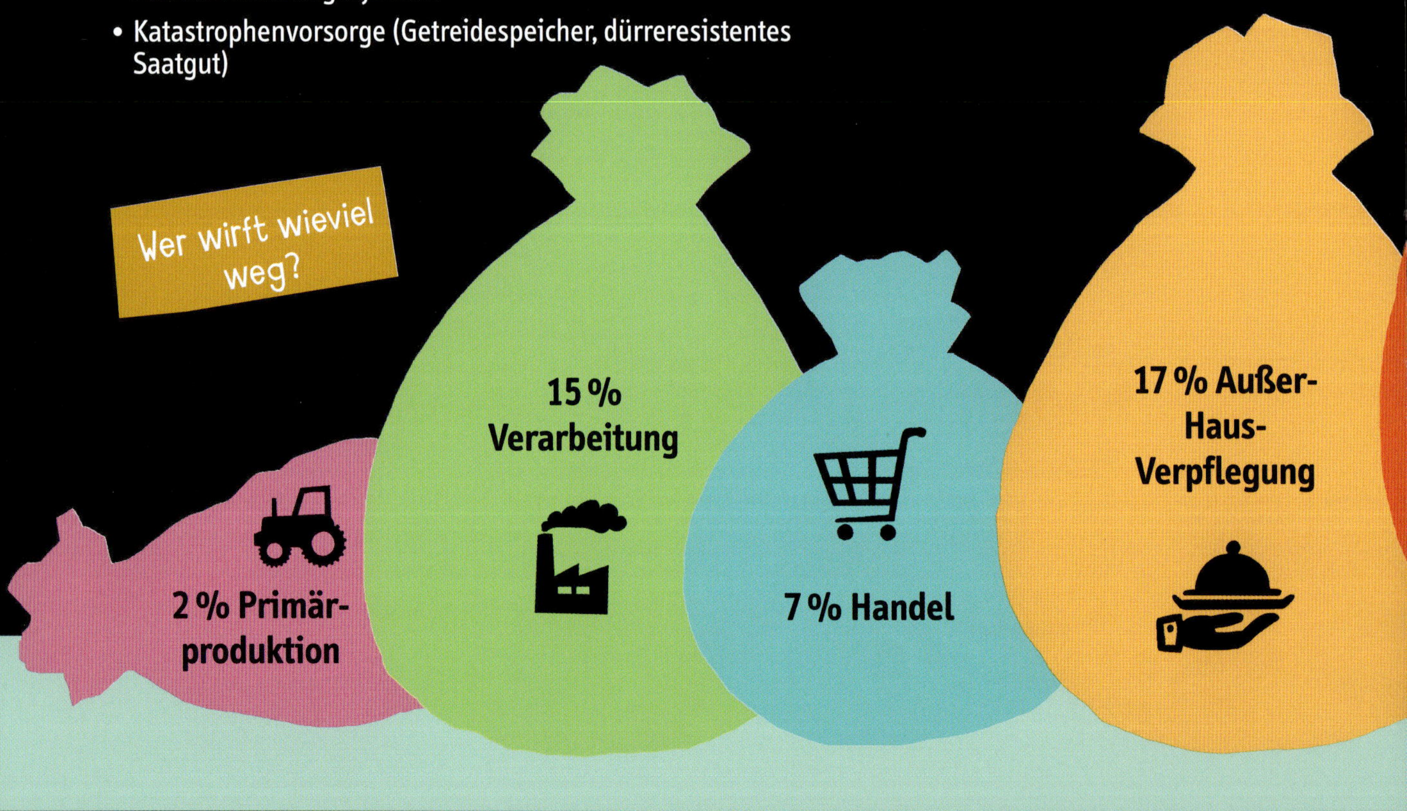

Hier **in Deutschland** fehlen immer mehr **Kindern** Nährstoffe und sie werden übergewichtig, weil sie sich **ungesund ernähren**.

Fast **800 Millionen Menschen** weltweit hungern oder leiden unter **Mangelernährung.** Das ist jede zehnte Person und die meisten davon sind Frauen und Kinder. Das ist schwer vorstellbar in einem Land wie Deutschland, in dem noch **genießbare Lebensmittel** einfach weggeworfen werden.

Hermann ist zurück – SCHICK IHN AUF REISE!

Du brauchst:

- 100 g Mehl
- 125 g Zucker
- 1½ Päckchen Trockenhefe
- 1150 ml lauwarmes Wasser
- verschließbares Gefäß aus Glas oder Plastik

So geht's:

Dein Hermann

1. Ansetzen

Verrühre alle Zutaten zu einem glatten Teig und fülle ihn in ein großes sauberes Gefäß (1,5 l), das man verschließen kann. Hermann mag kein Metall, daher suche ein Gefäß aus Glas oder Plastik aus.

Nun braucht Hermann 2 Tage Ruhe. Wecke ihn einmal am Tag auf und rühre ihn mit einem Holzlöffel um.

Wie Hermann entstand, weiß man nicht genau. Aber er wurde zum Symbol des Friedens und der Ökologiebewegung in den 1980er Jahren.

2. Aufzucht und Pflege

Damit Hermann wächst und zum Backen verwendet werden kann, muss man ihn 10 Tage hegen und pflegen.

Tag 1: Hermann möchte in Ruhe gelassen werden.

Tag 2-4: Hermann sollte einmal am Tag umgerührt werden.

Tag 5: Heute hat Hermann Hunger. Gib ihm 100 g Mehl, 150 g Zucker, 150 g Milch. Nun braucht er etwas Bewegung. Rühre ihn gut um.

Tag 6-9: Rühre ihn einmal am Tag um. Du wirst sehen, jetzt wächst Hermann gewaltig.

Tag 10: Heute ist es so weit und du kannst Hermann teilen und backen. Dazu fütterst du ihn noch einmal mit 100g Mehl, 150g Zucker, 150g Milch. Alles verrühren und in vier Teile aufteilen.

Einen Teil nimmst du zum Backen. Einen kannst du weiter pflegen (starte dazu wieder mit Tag 1). Den dritten und vierten Teil kannst du in ein Glas abfüllen und zusammen mit einem Kettenbrief verschenken. Eine Portion ist etwa 200g.

Auf S. 114/115, sowie in deiner DigiBib findest du die Anleitung zum Weiterverschenken.

3. Du entscheidest

Das einfachste und schnellste Rezept:

Worauf hast du heute Lust? Zimt, Nüsse, Äpfel, Rosinen, Kokos, oder Kakao oder alles zusammen? Je nach Geschmack und Laune kannst du Hermann verfeinern mit was auch immer du möchtest und er schmeckt jedes Mal anders. Alles miteinander mischen.

Nun noch einmal durchrühren und in eine gefettete Kastenform füllen. Danach wird er bei 180 °C ca. 45 Min. gebacken.

Du brauchst:

- 2 Tassen Mehl
- 1 Tasse Zucker
- 1 Tasse Milch
- ½ Tasse Öl
- 3 Eier
- 1 Päckchen Vanillezucker
- 1 Päckchen Backpulver

EINKAUFEN

Es landen viel zu viele Lebensmittel im Müll.
Diese riesige Verschwendung muss weniger werden!

Warum schmeißen wir so viele Lebensmittel weg?
- Wir kaufen zu viel!
- Wir kaufen zu unüberlegt!

Mindesthaltbarkeitsdatum abgelaufen?
Mach den Qualitätscheck:
schauen, riechen, schmecken

Extra Tipp:

Apps: Mundraub zeigt dir, wo du in deiner Nähe kostenfrei Obst und Gemüse ernten kannst.
Too Good To Go: Du kannst für sehr wenig Geld Speisen retten, die in deiner Nähe nicht verkauft wurden und sonst weggeworfen werden.
kaufDa: hier findest du alle Angebote und Prospekte in deiner Nähe.

10 Tipps, um nachhaltig einzukaufen und zu verwerten

1. **Einkaufszettel:** Einkaufen nach Plan, wann wird was gekocht.
2. **Obst und Gemüse:** Saisonal kaufen, bei Nichtverzehr einfrieren oder einkochen.
3. **Angebote nutzen.**
4. **Unverpackte Lebensmittel kaufen und dabei sparen:** Reduziert Verpackungsmüll und du bestimmst die Menge.
5. **Bewusster Fleischkonsum:** Gesund und klimafreundliche.
6. **Lebensmittel richtig lagern. Gesünder und Klimafreundlicher..**
7. **Mindesthalbarkeitsdatum überschritten:** Lebensmittel nicht wegwerfen, vorher prüfen, ob es nicht doch noch gut ist.
8. **Sonderkiste im Supermarkt:** Günstigere Produkte, da deren Mindesthaltbarkeitsdatum sich nähert oder die Produkte vom Vortag sind.
9. **Kostenlos sammeln:** auf der Wiese oder im Wald findest du Obst, Kräuter oder auch Pilze. Pflücke hier nur, was du sicher kennst und zeige es vor dem Verzehr einem Erwachsenen.
10. **Unverarbeitete Lebensmittel kaufen und selber weiterverarbeiten:** Marmelade, Kartofflbrei, Apfelmus. Schmeckt besser und ist günstiger.

Jedes Gemüse zu seiner Zeit

Januar:
Champignons, Grünkohl, Lauch/ Porree, Pastinake, Rosenkohl, Schwarzwurzeln, Topinambur, Wirsingkohl.
Auf Lager: Zwiebeln, Weißkohl, Steckrüben, Rotkohl, Rote Beete, Möhren/Karotten, Kürbis, Kartoffeln, Butterrüben

Februar:
Champignons, Grünkohl, Lauch/ Porree, Pastinake, Rosenkohl, Schwarzwurzeln, Topinambur, Wirsingkohl.
Auf Lager: Zwiebeln, Weißkohl, Steckrüben, Rotkohl, Rote Beete, Möhren/Karotten, Kürbis, Kartoffeln, Butterrüben

März:
Champignons, Lauch/ Porree, Pastinake, Rosenkohl, Spinat, Topinambur.
Auf Lager: Wirsingkohl, Zwiebeln, Weißkohl, Steckrüben, Rotkohl, Rote Beete, Möhren/Karotten, Kartoffeln, Butterrüben

April:
Champignons, Lauch/ Porree, Spinat, Spargel.
Auf Lager: Zwiebeln, Weißkohl, Rotkohl, Rote Beete, Möhren/Karotten, Kartoffeln, Butterrüben, Pastinake

Mai:
Blumenkohl, Champignons, Lauch- /Frühlingszwiebeln, Spinat, Spargel, Kohlrabi, Mangold, Spitzkohl, Radieschen, Wirsingkohl.
Auf Lager: Zwiebeln, Rotkohl, Möhren/Karotten,

Juni:
Blumenkohl, dicke Bohnen, Brokkoli, Champignons, Lauch- /Frühlingszwiebeln, Erbsen, Fenchel, Gurke, Spargel, Kohlrabi, Mangold, Spitzkohl, Radieschen, Wirsingkohl, Kartoffeln, Möhren/Karotten, Rotkohl, Weißkohl, Zucchini, Zuckerschoten.
Auf Lager: Zwiebeln

Juli:
Aubergine, Blumenkohl, dicke Bohnen, grüne Bohnen, Brokkoli, Champignons, Lauch- /Frühlingszwiebeln, Lauch-/ Porree, Paprika, Rote Beete, Erbsen, Fenchel, Gurke, Kohlrabi, Mangold, Radieschen, Wirsingkohl, Kartoffeln, Möhren/Karotten, Rotkohl, Weißkohl, Zucchini, Zuckerschoten, Staudensellerie, Tomaten, Zwiebeln

August:
Aubergine, Blumenkohl, dicke Bohnen, grüne Bohnen, Brokkoli, Butterrüben, Champignons, Lauch- /Frühlingszwiebeln, Lauch-/ Porree, Paprika, Pastinaken, Rote Beete, Erbsen, Fenchel, Gurke, Kohlrabi, Kürbis, Mais, Mangold, Radieschen, Wirsingkohl, Kartoffeln, Möhren/Karotten, Rotkohl, Weißkohl, Zucchini, Zuckerschoten, Staudensellerie, Tomaten, Zwiebeln

September:
Aubergine, Blumenkohl, grüne Bohnen, Brokkoli, Butterrüben, Champignons, Lauch- /Frühlingszwiebeln, Lauch-/ Porree, Paprika, Pastinaken, Spinat, Steckrüben, Rote Beete, Fenchel, Gurke, Kohlrabi, Kürbis, Mais, Mangold, Radieschen, Wirsingkohl, Kartoffeln, Möhren/Karotten, Rotkohl, Weißkohl, Zucchini, Staudensellerie, Tomaten, Zwiebeln

Oktober:
Aubergine, Blumenkohl, grüne Bohnen, Brokkoli, Butterrüben, Champignons, Lauch- /Frühlingszwiebeln, Lauch-/ Porree, Paprika, Pastinaken, Spinat, Steckrüben, Rote Beete, Fenchel, Gurke, Kohlrabi, Kürbis, Mais, Mangold, Radieschen, Wirsingkohl, Kartoffeln, Rosenkohl, Schwarzwurzeln, Möhren/Karotten, Rotkohl, Weißkohl, Zucchini, Staudensellerie, Topinambur, Tomaten, Zwiebeln

November:
Butterrüben, Champignons, Grünkohl, Lauch/ Porree, Pastinaken, Spinat, Steckrüben, Rote Beete, Fenchel, Kürbis, Wirsingkohl, Rosenkohl, Schwarzwurzeln, Rotkohl, Weißkohl, Topinambur.
Auf Lager: Kartoffeln, Möhren/Karotten, Zwiebeln

Dezember:
Butterrüben, Champignons, Grünkohl, , Lauch/ Porree, Pastinaken, Steckrüben, Wirsingkohl, Rosenkohl, Schwarzwurzeln, Topinambur.
Auf Lager: Kartoffeln, Möhren/Karotten, Zwiebeln, Kürbis, Rotkohl, Rote Beete, Weißkohl

GESUNDHEIT UND WOHLERGEHEN

Ziel ist es, das Wohlergehen aller Menschen zu fördern und ein gesundes Leben für Menschen jeden Alters zu ermöglichen.

Es gibt viele Lebenslagen, die es Menschen erschweren gesund zu bleiben. Dazu gehören unter anderem Armut, aber auch fehlende medizinische Versorgung durch lebensrettende **Medikamente** oder **Impfungen**.
Auch ein Zugang zu sauberem **Wasser** und guter **Luft** sind wichtig, um gesund zu bleiben.
Geht es um Gesundheut und Wohlergehen, sieht man sehr deutlich, dass die einzelnen Nachhaltigkeitsziele miteinander zusammenhängen.
Ist ein Mensch sehr arm (**Ziel 1**), kann er sich oft nicht genügend Essen kaufen und leidet Hunger (**Ziel 2**).
Hat er keinen Zugang zu gesunder Ernährung, kann er nicht gesund leben (**Ziel 3**)!

TIPP 1

Die meisten Krankheitserreger werden durch Berührung übertragen. Wäschst du dir regelmäßig die Hände mit Seite, haben es die Erreger schwerer.

TIPP 2

Bewege dich mindestens eine Stunde am Tag an der frischen Luft. Das ist gut für das Immunsystem und für einen guten Schlaf.

Alle Menschen sollen gesund und glücklich sein.

TIPP 3

Obst und Gemüse sind wichtig für eine gesunde und ausgewogene Ernährung. Man sagt, 3 Portionen Gemüse und 2 Portionen Obst am Tag sind perfekt.

TIPP 4

Richtige Kleidung macht es Krankheitserregern bei kaltem und feuchtem Wetter schwerer.

TIPP 5

Ausreichend Schlaf ist für unser Immunsystem wichtig. Wie viel Schlaf du brauchst, hängt vor allem von deinem Alter ab. Wer nicht ausreichend schläft, schwächt auf Dauer seine Abwehr und macht seinen Körper für Viren und Bakterien angreifbar.

Babys (0–1 Jahre): 14–17 Std.

Kinder (2–17 Jahre): 10–12 Std.

Erwachsene (ab 18 Jahre): 7–9 Std.

HAGEBUTTENTEE

Wusstest du, dass sich Wildrosen im Herbst in Hagebutten verwandeln? In den roten Beeren stecken dann viele Vitamine, vor allem aber unheimlich viel Vitamin C (Mehr noch als in Orangen und Zitronen). Wenn du also dein Immunsystem stärken möchtest, geht das mit Hagebutten besonders gut.

Ein Tee davon schmeckt toll.

- 100 g Mehl
- 125 g Zucker
- 1½ Päckchen Trockenhefe
- 1150 ml lauwarmes Wasser

Hagebutten ernten:

Schneide ab September die kleinen roten Beeren vom Strauch.

TIPP:

Für das Fähnchen am Teebeutel nutzt du am besten was du schon zu Hause hast. Ein Stück Papier kann anschließend in die Biotonne. Eine Perle oder ein Stück Washi-Tape kann weiterverwendet werden.

3 GESUNDHEIT UND WOHLERGEHEN

Hagebutten waschen und schneiden: Wasche die Beeren und entferne beide Enden. Sind die Hagebutten noch fest, halbiert man sie mit einem Messer. Sind die Hagebutten nach dem Frost bereits weich, zerdrückt man sie einfach mit einer Gabel.

Hagebutten trocknen: Feste Hagebuttenhälften kannst du auch trocknen. Dazu legst du sie am besten ein paar Tage ausgebreitet an einen warmen Ort. Bewege sie immer mal wieder, bis sie von allen Seiten gut getrocknet sind. Eine besonders leckere Mischung bekommst du, wenn du außerdem noch Apfelschalen klein schneidest und trocknest.

Zubereitung: Für eine Tasse Hagebuttentee kommen dann 1 Esslöffel zerkleinerte Hagebutten mitsamt der Kernchen in einen Beutel. Wenn du ein altes T-Shirt aus Baumwolle hast, kannst du daraus kleine (13 cm x 13 cm) Quadrate schneiden, mit Hagebutten befüllen und mit einem Faden verschließen. Am besten lässt du den Beutel ein paar Stunden im Wasser liegen, bevor du alles aufkochst. Dadurch schmeckt dein Tee später noch intensiver.

Fertig ist der Hagebuttentee!

TIPP:

Es gibt viele verschiedenen Rosenarten, die zu Hagebutten werden. Giftig sind keine - du kannst daher alle sammeln, die du findest.

FLASCHEN-TASCHE

Viel trinken ist wichtig, Experten empfehlen Kindern fast 1 Liter ungesüßte Getränke am Tag. Damit du unterwegs nichts zu Trinken kaufen musst, hänge dir doch einfach deine Flasche um. So hast du immer ein Getränk dabei und beide Hände frei. Außerdem ist es eine gute Möglichkeit, Socken mit Loch oder einzelne Socken weiter zu verwerten.

Du brauchst:

- Trinkflasche
- eine Socke deiner Eltern
- Gummiband
- Alleskleber oder Textilkleber
- ein stabiles Band
- etwas zum Verzieren

So geht's:

1. Schaue zuerst, welche einzelne Socke (vielleicht auch eine deiner Eltern) du gut über dem Körper deiner Trinkflasche ziehen kannst und merke dir wie weit.

Was du noch aus einzelnen Socken machen kannst:

Haargummis: Schneide sie dazu in 2 cm breite Ringe.

Bezug für Kühlakku: So liegt er beim Kühlen nicht direkt auf der Haut.

3 GESUNDHEIT UND WOHLERGEHEN

2. Nun drehst du die Socke um und bindest sie auf der richtigen Höhe so fest wie möglich mit dem Gummiband ab. Damit es später gut aussieht, sollte das über der Ferse sein. Anschließend schneidest du den unteren Teil der Socke ca. einen Zentimeter nach dem Gummiband ab.

3. Wenn du zu Hause kein passendes Band gefunden hast, schneide ein altes T-Shirt zu Garn (seihe QR-Code). Anschließend schneidest du drei ca. zwei Meter lange Streifen zu und bindest sie oben mit einem Faden gut zusammen. Jetzt flechtest du das Ganze bis ein Band entstanden ist, dessen Länge von deiner Hüfte zur Schulter und wieder zurück geht, und bindest es am Ende wieder mit einem Faden ab. Den Rest der zu langen Fäden abschneiden.

4. Klebe die Enden des Bändels ca. 1,5 cm gegenüber voneinander in das Innere der Sockenöffnung hinein.

Wenn du Lust hast, kannst du die Socken noch mit Knöpfen und Stoffmalfarben verzieren oder auch besticken.
Alles gut trocknen lassen und schon kannst du zusammen mit deiner Flaschen-Tasche losziehen.

KUNTERBUNTE TROSTPFLASTER

Hast du Stoffe oder alte T-Shirts mit tollen Mustern, die du nicht mehr gebrauchen kannst? Langweilige Pflaster werden damit ruckzuck bunt und machen kleine Verletzungen gleich ein bisschen weniger schlimm.

Du brauchst:

- bunte Stoffreste aus Baumwolle
- Pflaster mit Stoffbeschichtung
- Vliesofix
- Bügeleisen
- Schere
- Papier

3 GESUNDHEIT UND WOHLERGEHEN

So geht's:

1. Schneide das Vliesofix und die Stoffreste in die Größe deiner Pflasterstreifen zu.

2. Stelle gemeinsam mit einem Erwachsenen das Bügeleisen auf mittlere Hitze. Lege dann das Pflaster mit der Klebeseite nach unten vor dich. Nun legst du das Vliesofix auch mit der Klebeseite (das ist die ohne Papierbeschichtung) nach unten passgenau darauf und bügelst es fest. Um dein Bügeleisen vor Klebeverschmutzungen zu schützen, lege noch ein Papier dazwischen. Es braucht nur wenige Sekunden bis der Kleber geschmolzen ist.

3. Lege das Papier wieder zur Seite und lasse das Pflaster kurz abkühlen. Schon kannst du die Papierschicht von der oberen Seite des Vliesofix abziehen und das Stoffstück passend auflegen. Dann alles noch einmal bügeln, denke dabei wieder an das Papier, um dein Bügeleisen zu schützen.

4. Schon sind die Pflaster bunt und du kannst sie in die gewünschte Größe zuschneiden.

TIPP:

Weitere Ideen wie diese einfache Tasche aus einer leeren Tetrapacktüte findest du auf dem Instagram Account kleine_schlawiner oder in deiner Digibib.

HOCHWERTIGE BILDUNG

Ziel ist es, dass jeder Mensch lebenslang Zugang zu guter Bildung hat.

Bildung ist sehr wichtig! Nicht nur für dich als Mensch, sondern auch für die Länder dieser Welt. Denn ein Land ist auf eine gebildete Bevölkerung angewiesen. Nur durch deren Hilfe kann sich ein Land eigenständig weiterentwickeln. Ansonsten braucht es die Hilfe von außen und ist abhängig von anderen Ländern.

Jeder soll gut lernen können.

In Europa, also auch in Deutschland, Österreich und der Schweiz, besteht für alle Kinder eine Schulpflicht. Weltweit haben aber viele Kinder und Jugendliche nicht die Möglichkeit, eine Schule zu besuchen. Die Gründe dafür sind sehr unterschiedlich.

Analphabetismus: Nicht jeder kann lesen und schreiben!

- **6,2 Millionen** Menschen oder 12,1 % der erwerbsfähigen Bevölkerung in Deutschland können nicht oder nur unzureichend lesen und schreiben.
- Weltweit können **771 Millionen** junge Menschen und Erwachsene nicht lesen oder schreiben. Zwei Drittel davon sind Frauen.

123456789
ABC
Schule zu weit weg
1+1=2
Mädchen dürfen in manchen Ländern nicht zur Schule oder Universität gehen
Gründe für zu wenig Bildung
Kinder müssen arbeiten, um Familien finanziell zu unterstützen
Menschen mit Behinderungen werden z.T. von Bildung ausgeschlossen

BÄLLE SELBER MACHEN

So geht's:

1. Lege den Stein in eine Handvoll Filzwolle, so dass er davon umschlossen ist. Wickle das Garn darum und binde es mit einem Knoten fest.

2. Wickle nun das Garn immer weiter um den Knäul. Wichtig dabei ist, dass du es sehr fest wickelst und immer wieder die Richtung wechselst, so dass der Ball am Ende gleichmäßig rund ist.

3. Wenn der Ball die gewünschte Größe hat, schneidest du den Faden ab und versteckst das Ende unter den anderen Garnbahnen. Vielleicht schaffst du es, ihn mit einer Scherenspitze noch ein bisschen ins Ballinnere zu drücken.

4. Stecke den Ball in ein Bein der alten Feinstrumpfhose und knote sie eng zu, so dass der Ball nicht verrutschen kann.

5. Wasche die Bälle in der Waschmaschine mit deiner 60 °C-Wäsche. Falls ihr einen Trockner habt, wirf die Bälle dort mit rein. Ansonsten zum Trocknen in die Sonne oder auf ein Handtuch legen und immer mal wenden.

6. Die Strumpfhose vorsichtig aufschneiden. Der Ball sollte schön verfilzt sein, so dass kein Faden mehr abgeht. Wenn das nicht der Fall ist, steckst du deinen Ball noch ein weiteres Mal in die Waschmaschine.

Du brauchst:

- Garn aus 100% Wolle (achte darauf, dass nicht „superwash" oder „filzfrei" darauf steht)
- Filzwolle
- kleiner Stein
- alte Feinstrumpfhose

Konzentrationsübungen mit dem Ball.

1. Wirf den Ball rhythmisch von einer in die andere Hand und folge ihm mit deinen Augen.
Sprich nun bei jedem Wurf einen Buchstaben des ABCs oder eine Zahl z. B. aus einer Malreihe, die du schon kennst.
Nun kommen deine Beine dazu - bei jedem Wurf wird die Stellung der Beine verändert.
Tippe immer das Bein auf der Seite nach vorne, mit der du den Ball wirfst. Also auch immer links und rechts im Wechsel. Das geht natürlich auch zur Seite oder nach hinten.

2. Such dir eine leere Wand und stell dich gegenüber. Nun wirf den Ball 10 mal dagegen und fange ihn wieder auf. Hast du alle Bälle gefangen, dann wird es schwieriger.
Jetzt musst du dich konzentrieren:
In der nächsten Runde wirfst du den Ball 9 mal gegen die Wand und klatschst einmal in die Hände bevor du den Ball auffängst.
Hat das gut geklappt, wird 8 mal geworfen und 2 mal geklatscht.
Anschließend 7 mal werfen und 3 mal klatschen und so weiter… Du wirst sehen - je öfter du es machst, desto weiter kommst du.

3. Rolle deinen Ball vor dir auf dem Boden 10 mal als liegende 8. Wechsle dann die Richtung und versuche es anschließend noch mit der anderen Hand.

4. Lege in jede Hand einen Ball. Nun versuchst du sie gleichzeitig hochzuwerfen und wieder zu fangen.

5. Wirf einen Ball ein Stück nach oben und umkreise ihn (von innen nach außen) mit derselben Hand solange er in der Luft ist. Du musst dabei schnell sein, damit du ihn wieder auffangen kannst. Profis schaffen sogar beide Hände gleichzeitig.

TIPP:

Wenn du anstelle eines Steines ein Döschen befüllt mit Reis oder einer Glocke einfilzst, macht dein Ball bei jeder Bewegung ein Geräusch.

Wenn du ein altes Kissen hast, kannst du anstelle von Filzwolle auch die Kunstfaserwatte daraus verwenden.

5 GESCHLECHTER-GLEICHHEIT

GESCHLECHTERGLEICHHEIT

Ziel ist es, für alle Frauen und Mädchen die gleichen Rechte und Sicherheiten wie Männer und Jungen zu erreichen.

Leider werden Frauen und Mädchen im Alltag immer wieder benachteiligt oder erniedrigt. Ein Mädchen in Afrika hat zum Beispiel meist weniger Chancen eine Schule zu besuchen als ein Junge. Auch in Indien werden Mädchen und Frauen nach wie vor stark diskriminiert. Was sie möchten, zählt oft nicht, und neben Gewalt und Unterdrückung werden sie zum Teil auch schon als Kinder zwangsverheiratet. Sie gehen dann nicht mehr zu Schule, sondern kümmern sich um den Mann und dessen Familie.

Die Diskriminierung der Frauen zeigt sich in Deutschland vor allem in deren schlechteren Bezahlung. Eine Mutter findet meist viel schwieriger eine Arbeit und häufig verdient sie auch weniger als ihre männlichen Kollegen sowie Kolleg*innen ohne Kind.

Frauen und Männer sind gleich gut und wichtig

JUNGEN SIND ANDERS, MÄDCHEN AUCH

Stell dir vor, du stehst an einem riesig großen Brunch-Buffet. Es gibt leckeres Müsli, Obst, Schokocroissants, aber auch jede Menge warmer Speisen. Erst einmal schaust du dir alles in Ruhe an und packst dann deinen Teller voll mit all den Leckereien, die du gerne magst. Wieder an deinem Platz angekommen, möchtest du gerade beginnen sie zu essen, da kommt der Restaurantleiter und nimmt dir alles bis auf ein Stück Brot vom Teller. Seine Begründung lautet: „Das darfst du nicht essen, das ist nur für Männer/Frauen gedacht."

Ist das gerecht?

Natürlich nicht!

Das hört sich ziemlich verrückt an, aber es passiert trotzdem jeden Tag in unserer Gesellschaft. Denn Mädchen und Jungen werden unterschiedlich behandelt. Manchmal ganz bewusst, aber meistens unbewusst. Weil es sogenannte Rollenbilder oder Klischees gibt, die uns sagen: DAS ist typisch Junge/Mädchen.

Mädchen oder Junge?

Probier doch mal aus, an welches Geschlecht du sofort denkst, wenn du diese Begriffe liest: Kampfsport, Tanzen, stark, zickig, blau, putzen, erfolgreich, basteln.

Mädchen ☐ Junge ☐ beides ☐

5 GESCHLECHTERGLEICHHEIT

Und wenn du mal darüber nachdenkst fallen dir bestimmt einige ungerechte Rollenbilder ein.

Schau doch mal genau hin, wie es in der Gesellschaft ist:

- in deiner Lieblingsserie
- bei deinen Eltern und in deiner Familie

Hier läuft was falsch - und nun?:

Egal ob Mädchen oder Junge - jedes Kind hat einen anderen Charakter und der unterscheidet sich in Interessen, Talente und Eigenheiten. Und diese können unendlich vielseitig sein. Eben wie ein Teller bei einem großen Brunch-Buffet. Denn jede und jeder darf sich von allem bedienen!

Sei kritisch und mutig, wenn du merkst hier läuft etwas falsch und fordere Fairness ein!

AFFIRMATION – DER GLAUBE AN DICH SELBST

Warum tun uns positive Gedanken so gut?

Wir Menschen denken den ganzen Tag. Und genau diese Gedanken werden dann zu Gefühlen.

Wenn du dir also sagst: „Ich bin stolz auf mich“, dann tut es zum einen gut diese wohltuenden Worte zu hören, zum anderen fühlst du diesen Stolz auch. Dieses gute Gefühl stimmt dich glücklich und es entstehen wie bei einer Spirale immer mehr positive Gedanken und Gefühle.

So gestärkt gehst du anders an Situationen heran, die dir früher vielleicht Sorgen bereitet hätten.

Hört sich ganz einfach an?

Ist es auch, denn kleine Affirmationen helfen dir dabei! Es sind positive, kurze Sätze, die unsere Gedanken auf das schöne und Gute in uns richten.

Es ist unheimlich bestärkend sie regelmäßig zu wiederholen, am besten zu einer festen Zeit am Tag. Vielleicht gleich morgens, wenn du in den Tag startest oder abends, wenn du ihn beendest.

Ob du dir dabei mehrere Sätze oder nur einen aussuchst, ist ganz alleine dir überlassen. Du kannst zum Beispiel auch eigene kurze Positivsätze formulieren und aufschreiben.

Mein Tipp wäre, die Worte laut zu sprechen oder dir den Satz vorlesen zu lassen. So werden sie mit der Zeit immer fester in deinem Unterbewusstsein verankert.

Hier kannst du dir eine Auswahl an schönen Postern herunterladen.

PLANET

6 SAUBERES WASSER UND SANITÄR-EINRICHTUNGEN

12 NACHHALTIGE/R KONSUM UND PRODUKTION

13 MASSNAHMEN ZUM KLIMA-SCHUTZ

14 LEBEN UNTER WASSER

15 LEBEN AN LAND

6 SAUBERES WASSER UND SANITÄR-EINRICHTUNGEN

SAUBERES WASSER UND SANITÄREINRICHTUNGEN

Ziel ist es, dass alle Menschen sauberes Wasser, Toiletten und die Möglichkeit zu duschen haben.

Sauberes Wasser und Sauberkeit für jeden

Für uns ist sauberes Wasser ganz normal. Das ist nicht überall auf der Erde so. Laut UNICEF leben weltweit über 2 Milliarden Menschen, die keinen regelmäßigen Zugang zu sauberem Wasser haben. In manchen Ländern werden sogar giftige Stoffe aus Fabriken in Bäche abgeleitet, was das Trinkwasser nicht nur unbrauchbar, sondern tödlich macht.

So viel Wasser braucht ...

71% unserer Erde sind mit Wasser bedeckt.

Davon sind nur 3% Süßwasser.

EXPERIMENT WASSER FILTERN

So geht's:

1. Stich in jeden Becher unten ein Loch und befülle sie jeweils bis zur Hälfte mit Erde, Steinen, Kies oder Sand.

2. Wenn du im Moment kein Schmutzwasser in Pfützen findest, kannst du es ganz einfach selbst herstellen. Mische dazu, was du draußen findest, in einem Glas mit Wasser – das kann z. B. Dreck, Blätter, Sand oder Ähnliches sein.

3. Nun stapelst du die Becher zu einem Turm ineinander. (Reihenfolge: Sand/Kies/Steine/Erde) und stellst sie auf die Öffnung eines Einmachglases.

4. Gieße nun langsam dein schmutziges Wasser in den obersten Becher und warte ab, was passiert.

Beobachtung:

Das Wasser wird durch die verschiedenen Schichten Kies und Sand vom Schmutz befreit und auf natürliche Weise gefiltert. Es ist beinahe völlig klar geworden.

Hey wie ist's?

Erzähl Riida und der Autorin Eva Pilgrim, wie dir das Buch gefällt.

→ Jetzt QR-Code scannen!

6 SAUBERES WASSER UND SANITÄR-EINRICHTUNGEN

Du brauchst:

- Leere Joghurtbecher oder leere Pflanztöpfe
- Schmutzwasser aus einer Pfütze oder selbst gemischtes Dreckwasser
- Erde und Gras
- kleine Steine
- feiner Kies
- Sand
- Einmachglas

Erklärung:

Das Grundwasser, das sich unter der Erde sammelt, ist sauber. Das liegt daran, dass es über Monate bis hin zu Jahren durch die verschiedenen Gesteinsschichten sickert und hierbei immer mehr gereinigt wird. Dadurch, dass diese Schichten viel dicker sind als in unserem Experiment, ist das Wasser irgendwann vollkommen rein und frei von Verschmutzungen.

H_2O

Das Grundwasser sammelt sich in kleinen und großen Hohlräumen unter der Erde. Um an dieses Wasser heranzukommen bauen wir Menschen tiefe Brunnen, um es dann zum Duschen, Kochen oder auch Trinken zu verwenden.

Eine Kläranlage, die unser Abwasser reinigt, arbeitet übrigens ähnlich wie in diesem Experiment. Da das Wasser aber anschließend nicht zu 100% gesäubert ist, wird es nicht als Trinkwasser genutzt, sondern in Flüsse geleitet.

12 NACHHALTIGE/R KONSUM UND PRODUKTION

NACHHALTIGE/R KONSUM UND PRODUKTION

Ziel ist es, das wir nachhaltiger produzieren und konsumieren

Es wird immer mehr hergestellt und wir **konsumieren** viel **mehr und schneller** als früher. Wir müssen diese flüchtigen (nicht nachhaltigen) Gewohnheiten überdenken und bestenfalls anders handeln. Denn natürliche **Rohstoffe**, die wir zur Produktion nutzen, sind **nicht unbegrenzt** verfügbar.

Zudem entsteht viel zu viel Müll, weil wir die Sachen immer früher wegschmeißen.

Das alles hat **schlechte Auswirkungen** auf die Umwelt und gefährdet unsere Erde.

Eine Lösung wäre, weniger zu verschwenden und mehr wiederzuverwenden.

Waren sollen möglichst umweltschonend hergestellt und verkauft werden.

Geschenkeflut- Die bessere Strategie:

Gerade an Weihnachten oder zum Geburtstag überhäufen wir uns oft gegenseitig mit Geschenken, doch was BRAUCHEN wir wirklich?

Mit diesen **5 Ideen** kannst du dir einen Wunschzettel schreiben, der nicht nur nachhaltig ist, sondern sicherlich auch deine Wünsche erfüllt.

- Mein Herzenswunsch
- Etwas Nützliches
- Etwas zum Anziehen
- Etwas zum Lesen
- Zeit für:

Konsumpyramide

Es gibt viele umweltschonende Wege, an Dinge zu kommen ohne sie neu kaufen zu müssen. Die Pyramide zeigt uns welche Gedanken wir uns machen können, wenn wir einen Wunsch haben oder etwas brauchen.

DIE DUNKLE STUNDE

Strom ist überall – viele unserer Geräte im Haushalt verbrauchen ständig Strom und wir können uns ein Leben ohne Strom gar nicht mehr vorstellen. Oder doch? Lasse es uns ausprobieren und Strom sparen.

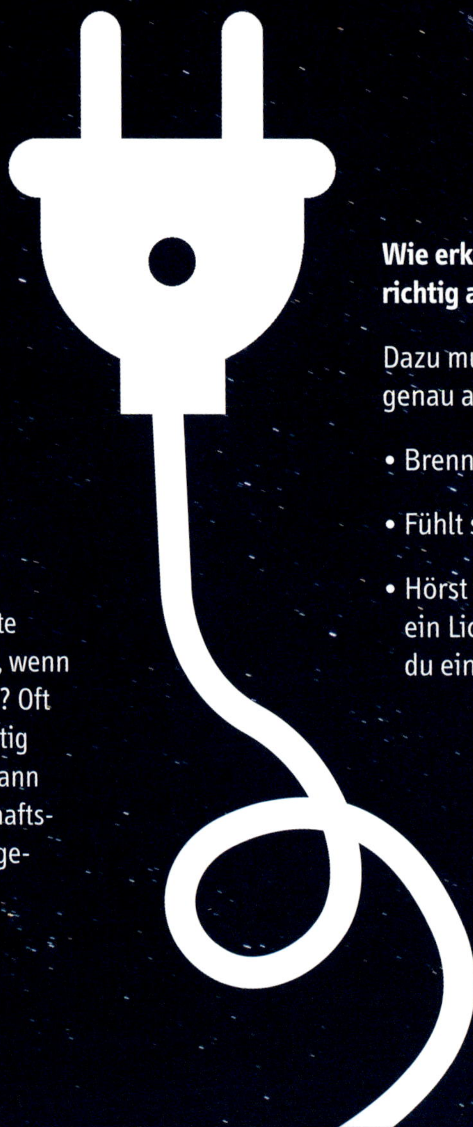

Einmal im Monat/Woche macht ihr für eine Stunde alle elektronischen Geräte aus.

Was gehört dazu?

Licht, Fernseher und alles andere mit einem Stromkreislauf

Wusstest du, dass Geräte auch Strom verbrauchen, wenn sie nicht genutzt werden? Oft werden Geräte nicht richtig ausgeschaltet, sie sind dann noch immer im Bereitschaftsmodus, auch „stand by“ genannt.

Wie erkenne ich ob meine Geräte richtig ausgeschalten sind?

Dazu musst du dir die Geräte genau anschauen.

- Brennt ein Licht?
- Fühlt sich das Gerät warm an?
- Hörst du etwas? Nicht immer brennt ein Licht, also fühle, ob sie warm sind, du ein Licht siehst oder etwas hörst.

12 NACHHALTIGE/R KONSUM UND PRODUKTION

Challenge:

- Überzeuge deine Familie oder Freunde zum Mitmachen
- Klebe auf alle Geräte, die Strom verbrauchen, einen roten Zettel
- Schaltet alle Geräte richtig aus
- Stellt den Wecker und los geht es!
- **Eine Stunde ohne Strom.**

Achtung! Kühlschrank und die Gefriertruhe anlassen!
Das erneute Abkühlen kostet auch viel Energie und lohnt sich nicht.

Tipps um Strom zu sparen:

KERZEN SELBER MACHEN

So geht's:

1. Setze einen Topf mit Wasser auf, lege die Wachsreste in einen Behälter und lasse das Wachs im heißen Wasserbad schmelzen.

2. Nimm während das Wachs schmilzt entweder einen fertigen Docht oder einen dicken Baumwollfaden. Den Docht ein paar Mal in das heiße Wachs eintunken und trocknen lassen.

3. Je nachdem, welche Form deine Kerze bekommen soll, wählst du deinen Behälter. Bei der Klopapierrolle musst du noch einen Karton als Boden ankleben. Dose und Milchkarton auf die gewünschte Höhe zuschneiden.

4. Mache nun ein kleines Loch in den Boden deiner Form. Hierdurch ziehst du den Docht. Unten am Boden befestigst du ihn mit einem Klebeband, oben klemmst du ihn straff in eine Wäscheklammer, die auf deiner Form liegt.

12 NACHHALTIGE/R KONSUM UND PRODUKTION

Du brauchst:

- Wachsreste
- evtl. Wachsmalstifte zum Färben
- Docht oder Faden aus 100% Baumwolle für eine Kordel
- leere Klopapierrolle bzw. Milchkarton oder Chipsdose als Form
- Wäscheklammer
- Karton
- eine alte Konservendose oder Schüssel

5. Ist das Wachs geschmolzen, entfernst du noch die Dochtreste von den alten Kerzen aus dem Wachs. Wenn du möchtest, kannst du das Wachs mit kleinen Stücken Wachsmalfarbe einfärben.

6. Nun kannst du das Wachs behutsam in deine Form gießen. Wenn du verschiedene Farbschichten haben möchtest, brauchst du mehrere Gefäße mit geschmolzenem Wachs. Sobald das eingefüllte Wachs in der Papprolle abgekühlt ist, kannst du die nächste Farbe eingießen.

7. Nach 2 Stunden sollte die Kerze komplett ausgekühlt sein und du kannst sie vorsichtig aus der Form lösen.

auspacken - fertig!

TIPP:

Um Kerzenwachs einzufärben, schmelze ein Stück bunter Wachsmalstift mit ein.

BUNTE UND NACHHALTIGE SERVIETTEN

Du brauchst:

- alte Stoffservietten oder Leinenstoff und Nähmaschine
- Stoffmalfarben
- Kunststoff-Bausteine oder andere Dinge zum Stempeln
- altes Spültuch
- Bügeleisen

Stoffservietten zu gestalten macht nicht nur Spaß. Sie sind auch einfach gemacht und wiederverwendbar.

12 NACHHALTIGE/R KONSUM UND PRODUKTION

So geht's:

Wenn du eine Nähmaschine hast, kannst du die Servietten selber nähen. Es ist kinderleicht.

1. Schneide dazu den Leinenstoff in Quadrate mit 40 x 40 cm. Mit 1 cm Abstand und Zickzack-Stich nähst du einmal im Quadrat.

2. Nun ziehst du ringsherum ein paar der äußeren Fäden heraus. So entstehen die hübschen Fransen.

3. Nun ist die Serviette fertig und du kannst sie nach Lust und Laune mit Stoffmalfarben bestempeln. In der Küche findet sich einiges, mit dem man gut stempeln kann. Zum Beispiel eine Gabel oder ein Kartoffelstampfer. Aber auch Blätter, Bausteine, Korken, Schraubenmuttern etc. eignen sich toll. Sicherlich hast du schon weitere Ideen. Wichtig ist nur, dass du die Sachen anschließend gleich sauber machst.

4. Nutze als Stempelkissen am besten ein Stück eines alten Spültuches.

5. Gut trocknen lassen und fertig ist deine nachhaltige Serviette.

Bevor du sie nutzt, musst du die Farbe fixieren in dem du sie auf der Rückseite bügelst.

TIPP:

Nicht nur bei Servietten, es ist bei allen Dingen sinnvoll, schon beim Einkaufen zu überlegen, ob es eine nachhaltigere Alternative gibt.

13 MASSNAHMEN ZUM KLIMA-SCHUTZ

MASSNAHMEN ZUM KLIMASCHUTZ

Ziel ist es, sich zu überlegen, wie man den Klimawandel und seine Auswirkungen sofort bekämpfen kann.

Wir müssen jetzt das Klima schützen!

Überall auf der Erde wird es immer wärmer. Diese Veränderung nennt man **Klimawandel**.
Unter Klima versteht man das Wetter, das über einen langen Zeitraum an einem bestimmten Ort oder Gebiet herrscht. Das Klima ist durcheinander, und die Natur spielt immer mehr verrückt. Das bedroht die Erde und auch uns.
Die **Folgen** des Klimawandels sind in jeder Region der Erde anders zu **spüren**.
Auch in Deutschland gibt es immer mehr extreme Wetterereignisse wie Hitzeperioden und Starkregen.
Damit die Folgen nicht noch schlimmer werden, muss viel **weniger CO_2** produziert werden. Viel zu viel davon entsteht im Moment z. B. bei der Energiegewinnung durch Erdöl, Kohle oder Erdgas. Je mehr davon in die Luft gelangt, umso schneller steigen die Temperaturen. Denn CO_2 absorbiert einen Teil der von der Erde in das Weltall abgegebenen Wärme und strahlt diese zurück auf die Erde (**Treibhauseffekt**). Und das hat schwere Folgen.

Artensterben

Die meisten Tiere und Pflanzen können sich nicht schnell genug an die Änderungen anpassen, ihre Lebensräume gehen verloren. Sie sind vom Aussterben bedroht.

Flüchtlingsströme

Durch extreme Wetterbedingungen ist die Landwirtschaft gefährdet. Menschen müssen ihre Heimat verlassen, um nicht zu verhungern.

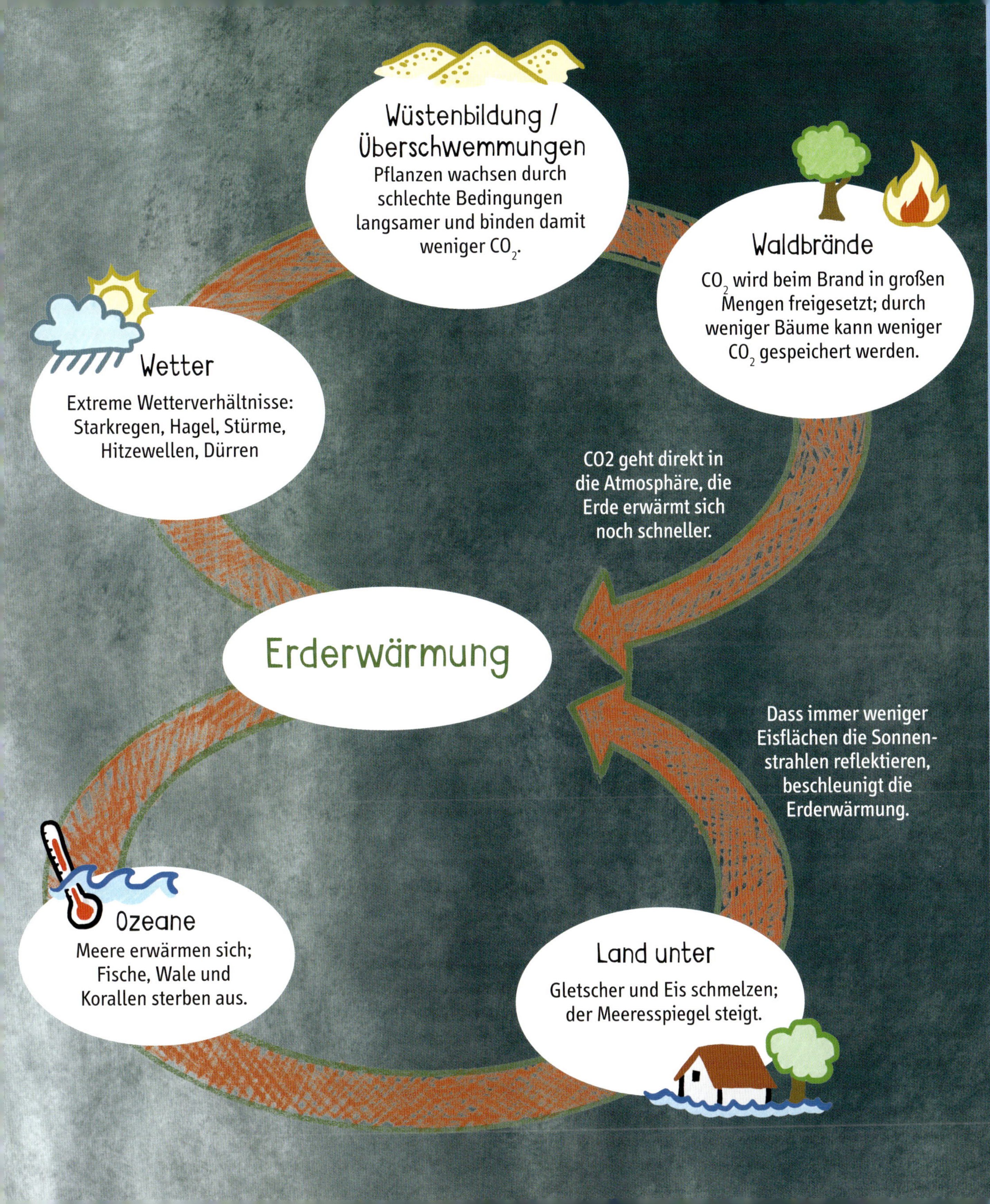
Wüstenbildung / Überschwemmungen
Pflanzen wachsen durch schlechte Bedingungen langsamer und binden damit weniger CO_2.
Waldbrände
CO_2 wird beim Brand in großen Mengen freigesetzt; durch weniger Bäume kann weniger CO_2 gespeichert werden.
CO2 geht direkt in die Atmosphäre, die Erde erwärmt sich noch schneller.
Erderwärmung
Dass immer weniger Eisflächen die Sonnenstrahlen reflektieren, beschleunigt die Erderwärmung.
Land unter
Gletscher und Eis schmelzen; der Meeresspiegel steigt.
Ozeane
Meere erwärmen sich; Fische, Wale und Korallen sterben aus.
Wetter
Extreme Wetterverhältnisse: Starkregen, Hagel, Stürme, Hitzewellen, Dürren

WAS ES BEDEUTET, WENN POLAREIS SCHMILZT.

Vorbereitung Eisschollen:

Befülle eine Schüssel ca. 1 cm hoch mit Wasser. Wenn du magst, kannst du etwas blaue Wasserfarbe hineinmischen. Nun stellst du alles bis zum nächsten Tag in den Gefrierschrank.

Du brauchst:

- Schale
- Eisschollen
- Wasser
- 2 große Steine
- evtl. kleiner Spielzeug-Pinguin, -Eisbär
- abwaschbarer Stift

So geht's:

1. Du baust nun den Südpol, die Antarktis, nach. Dazu nimmst du die große Schale und befüllst sie wenige cm hoch mit Wasser.

2. Nun legst du vorsichtig die beiden Steine hinein, so dass sie noch aus dem Wasser hinausschauen.

3. Packe nun ordentlich gefrorenes Eis auf einen der Steine. Sind deine Eisschollen zu groß, kannst du sie zerbrechen. Am Südpol finden Pinguinarten ihr Zuhause. Wenn du magst, kannst du sie auf das Eis stellen.

4. Auf dem zweiten Stein platzierst du knapp oberhalb des Wasserspiegels die Häuser. Sie sollen die Bevölkerung darstellen, die am Wasser lebt.

5. Markiere mit einem abwaschbaren Stift den Wasserstand an der Außenwand deiner Schale.

6. Du brauchst etwas Geduld, das Eis am Festland schmilzt zum Glück nicht ganz so schnell wie im Wasser. Wenn du magst, kannst du währenddessen noch den Nordpol mit Eisschollen und einem jagenden Eisbären nachbauen.

13 MASSNAHMEN ZUM KLIMASCHUTZ

Beobachtung:

Wenn das **Landeis schmilzt,** fließt es ins Meer oder rutscht dorthin ab. Da das Wasser im Meer auch immer wärmer wird, schmilzt es dort und der **Meeresspiegel steigt**.

Erklärung und Bedeutung für uns:

Durch die **Erderwärmung** schmilzt immer mehr **Schnee und Eis.** Dadurch gehen immer mehr **reflektierende Flächen** (siehe S. 78) **verloren** und dadurch wird die **Erde noch wärmer** und das Eis schmilzt noch schneller.
Forscher versuchen seit vielen Jahren das **Eis zu schützen**.

Denn nicht nur für uns Menschen hat die **Eisschmelze Folgen** wie **Überflutungen**, Erdrutsche und Probleme mit unserem Trinkwasserspeicher. Auch Tieren, wie dem **Eisbären**, der am Nordpol auf den Eisschollen wartet, um Robben zu fangen, **fehlt** der **Lebensraum** und damit **Nahrung**.

KÜSTEN SIND IN GEFAHR WELLENENERGIE

Forscher fanden heraus, dass durch den Klimawandel nicht nur der Meeresspiegel steigt, sondern durch die erhöhte Oberflächentemperatur der Ozeane andere Windmuster und damit auch höhere Meereswellen entstehen.

Du brauchst:

- verschließbare Glasflasche
- Trichter
- Sand
- Wasser
- blaue Lebensmittel- oder Wasserfarbe
- helles Öl

So geht's:

1. Befülle die Flasche zu einem kleinen Teil mit feinem Sand. Das ist der Meeresboden.
2. Als nächstes färbst du etwas Wasser mit blauer Farbe und befüllst damit mehr als die Hälfte der Flasche. Leichter geht es, wenn du den Trichter dazu benutzt.
3. Als letztes kommt noch das Öl in die Flasche. Fülle sie so voll, dass keine Luft mehr darin ist. Drehe den Deckel richtig gut zu.
4. Kippe die Flasche auf eine Seite so, dass aus dem Sand ein Berg (Küste) entsteht. Versuche nun Wellen zu erzeugen. Kannst du beobachten, wie sich die Wellen bewegen und was mit dem Meeresboden passiert?

Beobachtung:

Das Wasser und das Öl mischen sich nicht. Das Öl ist leichter und schwimmt auf dem Wasser. Wenn man die Flasche nach links und rechts neigt, bewegt sich das Meer und es entstehen Wellen. Diese bewegen sich ganz langsam, wie in Zeitlupe. Man kann beobachten, dass durch **konstante Wellenbewegung i**mmer mehr Sand vom **Ufer abgetragen** wird.

13 MASSNAHMEN ZUM KLIMASCHUTZ

Erklärung und Bedeutung für uns:

Öl ist eine Flüssigkeit, die sich nicht in Wasser auflöst. Es hat eine geringere Dichte, daher schwimmt es auf dem Wasser.
Die Wellen bewegen sich in Zeitlupe, da das Öl den Wasserfluss verlangsamt. Damit das Wasser fließen kann, muss das Öl ihm den Weg freigeben.

Wellen entwickeln in der Natur starke Kräfte. Diese enorme Energie ist verantwortlich für Verwüstungen und Veränderungen an den Küsten. An einer Stelle wird durch das Wasser Material abgetragen und anderswo wieder angespült. Dieser Ablauf ist ein natürlicher Prozess, man nennt ihn Küstenerosion. Wird die Wellenenergie durch den Klimawandel stärker, läuft dieser Prozess schneller und Küsten sind in Gefahr.

Gut sind die hohen regelmäßigen Wellen nur für Wellenkraftwerke – sie nutzen genau diese Energie und wandeln sie z. B. in Strom um. Diese umweltfreundliche Methode der Energiegewinnung ist noch ganz neu, sodass es bisher erst sehr wenige Anlagen gibt.

14 LEBEN UNTER WASSER

LEBEN UNTER WASSER

Ziel ist es die Ozeane, Meere und das Leben darin zu erhalten und nachhaltig zu nutzen.

Wir müssen jetzt die Meere schützen.

Die **Meere** sind **in Gefahr**. Ihr Zustand verschlechtert sich durch Verschmutzung, den Klimawandel und Überfischung. Machen wir Menschen so weiter wie bisher, schwimmt Schätzungen zufolge in 30 Jahren genauso viel Plastik wie Fische im Meer.

Plastikmüll ist ein wachsendes Problem, das jährlich tausende Tiere das Leben kostet.

Das Plastik zersetzt sich in immer kleinere Teile (Mikroplastik) und diese kleinen Teilchen werden von Tieren gegessen. Dann ist ihr Magen zwar voll, aber sie verhungern dennoch.

Tiere verfangen sich im Plastik oder ersticken daran.

So lang bleibt der Müll im Meer:

Kerngehäuse Apfel: 2 Monate

Pappkarton: 2 Monate

Baumwoll-T-shirt: 2–5 Monate

Abbaubarer Getränkehalter: 6 Monate

Wollsocken: 5 Jahre

Abwasser: Viele Kosmetikprodukte wie Peelings, Zahncreme oder Duschgel enthalten kleine Plastikkügelchen. Sie gelangen ungeklärt ins Meer.

Vom Schiff ins Meer: Schiffe entsorgen im Meer immer wieder illegal ihren Müll oder verlieren Ladung und Container.

FISCHFANG!
Illegale Überfischung: Mit riesigen Fangnetzen werden mehr Fische dem Wasser entnommen, als sie nachwachsen können. So sterben immer mehr Fischarten aus.

MÜLLKIPPE STRAND
Wenn Menschen ihren Müll achtlos liegen lassen, wird er vom Wind oder Flüssen ins Meer getragen.

Kunstfasertextilien verlieren bei jedem Waschgang Fasern aus Kunststoff. Da sie sehr klein sind, können sie nicht aus dem Wasser gefiltert werden und fließen ungehindert ins Meer.

Angelschnur: 600 Jahre

Wegwerfwindel 450 Jahre

Plastiktüten: 10-20 Jahre

Getränkedose: 200 Jahre

Plastikflasche: 450 Jahre

Dose: 50 Jahre

MÜLLGREIFER

Du brauchst:

- Holzleisten 45 cm lang und 3-5 mm hoch und 2 cm breit
- evtl. Säge
- Schleifpapier 100 Körnung
- 2 Holzwäscheklammern
- Holzleim
- Zwinge zum Einspannen
- Gummis
- Stempel

So geht's:

1. Säge die Leisten auf die angegebene Länge zu und schleife alle Seiten mit dem Schleifpapier so ab, dass sie sich glatt anfühlen.
2. Nun kannst du die Holzleisten mit Stempeln verzieren.
3. Nun leimst du die zwei Holzklammern nebeneinander am Ende der Leisten fest. Wichtig ist, dass die längere Seite der Klammern zur Zangenöffnung zeigt und die Klammern zwischen beide Leisten geleimt werden.
4. Die geleimte Stelle mit der Zwinge fixieren und warten bis alles gut getrocknet ist.
5. Damit die Klammern nicht nach links oder rechts wegrutschen, wickelst du einen Gummi um die Feder.

Und fertig ist dein Müllfänger!

Du kannst auch einen Keil zwischen die Leisten bohren. So muss kein Leim trocknen und du kannst sofort nach dem Bauen mit Müllsammeln loslegen.

Andere Möglichkeiten deinen Müllgreifer zu verschönern:

- mit wasserfesten Stiften bemalen
- mit einem Lötkolben verzieren
- mit Band umwickeln
- mit Stickern bekleben
- einölen

15 LEBEN AN LAND

LEBEN AN LAND

Ziel ist es, unsere Natur zu bewahren und alle Lebewesen vor dem Aussterben zu schützen.

Wir müssen jetzt die Wälder und Böden schützen.

An jedem Ort leben Pflanzen, Tiere und manchmal auch Menschen zusammen. Alles in einem Ökosystem ist miteinander verbunden und jedes kleine und große Tier hat eine **Aufgabe** in dieser **Gemeinschaft**.
Ein **Ökosystem** kann gestört werden. Wenn es z. B. von einer Tierart viel weniger Lebewesen gibt oder sie sogar ausstirbt, kommt das ganze System **ins Wanken** und es hat große Auswirkungen auf alles andere.
Jedes noch so kleine Puzzlestück ist wichtig. Insekten z. B. bestäuben Pflanzen, wodurch diese Früchte tragen und sich vermehren können. Gibt es **weniger Insekten**, gibt es auch **weniger Pflanzen** und dadurch auch **weniger Lebensmittel** für uns Menschen.
Um Obst und Gemüse anbauen zu können, ist es wichtig, dass der **Boden** über lange Zeit **nachhaltig** genutzt wird (nicht einseitig bepflanzen, der Boden soll nicht ausgelaugt werden) und damit **fruchtbar** bleibt. Außerdem dürfen wir nicht noch mehr **Wälder** verlieren, denn Pflanzen haben auf unserer Erde eine große Bedeutung. Sie versorgen uns mit frischer Luft, speichern sogar CO_2 und helfen damit, unser **Klima** zu **schützen**. Daher brauchen wir mehr Bäume und nicht weniger!

Ohne Lebensraum keine Lebewesen – ohne Lebewesen kein Lebensraum

Wasser, Sonne, Luft, Stein, Erde, u. v. m. – alles beeinflusst sich gegenseitig und ist im Gleichgewicht.

WUSSTEST DU, DASS ...

- 80 % der Pflanzen bis zu 20 Tage früher blühen als noch vor 30 Jahren.
- der Lebenszyklus der Bienen an die Blühphasen der Pflanzen angepasst ist. Durch die frühere Blüte passt das jetzt nicht mehr zusammen. Es werden weniger Blüten bestäubt und den Bienen fehlt die Nahrung.
- Bienen zusätzlich gefährdet sind durch Schädlinge und Milben. Diese vermehren sich dank der milden Winter das ganze Jahr, statt nur im Sommer.
- eine frühe Blüte und ein später Frost Ernteausfälle zur Folge haben. 2016 wurden z. B. in Sachsen nur ca. 30 % – 40 % der üblichen Menge an Süßkirschen geerntet.

Stoffkreislauf

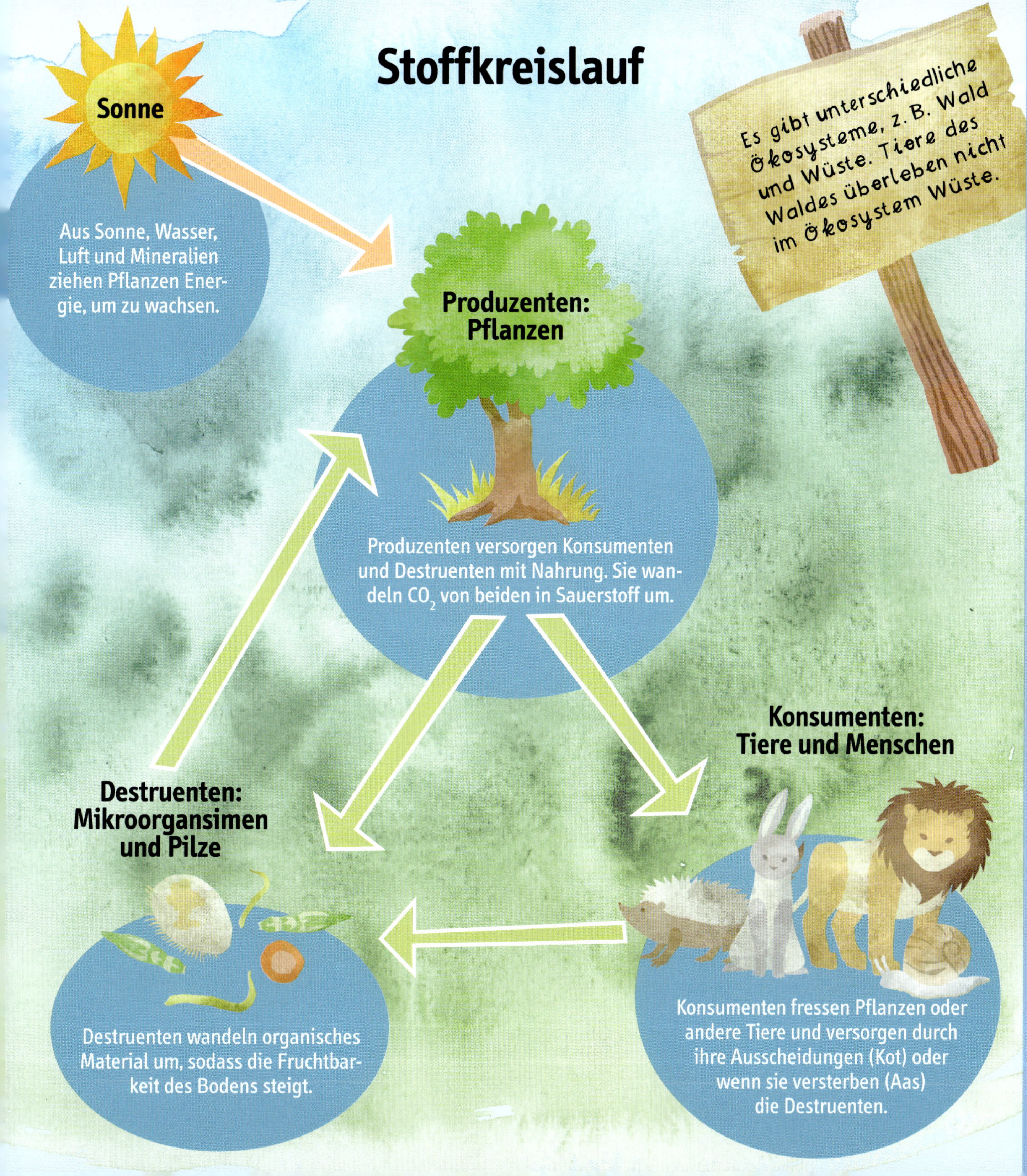

FUTTERSTATION

Du brauchst:

- alte Kaffeetassen mit Unterteller
- Klarlack
- Acrylstifte
- altes Schnapsglas
- Körnermix
- Wetterfester Montagekleber
- Stock oder Band

So geht's:

1. Bemale die alten Tassen und Unterteller so, wie es dir gefällt. Wenn du fertig bist, bestreichst du alles mit Klarlack, um es wetterfest zu machen.

2. Nun wird alles zusammengeklebt. Verteile dazu den Montagekleber von unten auf dem Boden einer Tasse. Drücke sie dann vorsichtig mittig auf den Unterteller. Drehe beides um und klebe dann den Boden des Schnapsglases mittig unter den Teller.

3. Jetzt muss alles gut trocknen und du kannst einen Stock suchen, der vom Durchmesser genau in das Schnapsglas passt. Wenn er nicht automatisch stecken bleibt, kannst du ihn auch mit Montagekleber im Schnapsglas befestigen. Ansonsten einfach später darauf stecken.

4. Ist alles getrocknet, steckst du die geklebten Tassen auf den Stock, suchst draußen einen schönen Platz und befüllst deine Futterstation mit Kernen.

Eichhörnchen mögen Walnüsse, Haselnüsse und Sonnenblumenkerne.

Vögel finden Erdnüsse oder eine Körnermischung lecker.

Im heißen Sommer finden Insekten oft nicht genug Wasser. Befülle die Tasse dann mit Steinen, Stöcken und Wasser - so können Insekten landen und sich erfrischen.

Wenn du deine Tasse in einen Baum hängen willst, erhitze Kokosfett, mische es mit Vogelfutter und fülle die Masse in die Tasse ein. Damit der Vogel landen kann, stecke ihm noch einen kleinen Stock oder Eisstiel in die Tasse und lass alles im Kühlen erkalten. Ziehe jetzt zum Aufhängen der Tasse ein Band durch den Henkel.

WELTRETTER SAATPAPIER

Du brauchst:

- buntes Papier oder Servietten
- Spritzschutzsieb
- Ausstechförmchen rund
- altes Baumwolltuch
- Nudelholz
- Schüsseln
- Löffel
- Mixer oder Pürierstab
- Wildblumen Blumensamen

So geht's:

1. Nutze das, was du zu Hause hast – egal ob Eierkarton, Servietten oder anderes Altpapier, es eignet sich alles gut zur Papierherstellung.

2. Reiße dein Papier in kleine Stücke. Für jede Farbe (hier steht blau für Wasser und grün für Land) brauchst du eine eigene Schüssel. Wenn du weißes Papier nutzt, kannst du zum Färben Krepp- oder Seidenpapierschnipsel im gewünschten Farbton dazu mischen. Alles mit Wasser bedecken und am besten über Nacht einweichen.

3. Mit einem Mixer oder dem Pürierstab den Altpapierbrei zerkleinern, so dass eine einheitliche Masse („Pulpe“) entsteht.

4. Mische anschließend mit einem Löffel ein Tütchen Wildblumensamen unter den grünen Teil.

5. Jetzt platziere dein rundes Ausstechförmchen auf dem Sieb und lege beides auf eine Schüssel. Fülle das Ausstechförmchen dünn mit den bunten Papiermassen. Drücke die Massen gleichmäßig und vorsichtig mit einem Finger oder Löffel gegen das Sieb.

6. Wenn das überschüssige Wasser in die Schüssel getropft ist, kannst du das Saatenpapier aus dem Ausstechförmchen lösen und auf ein saugfähiges Baumwolltuch legen. Schlage es so darin ein, dass es oben und unten damit bedeckt ist. Mit einem Nudelholz kannst du nun die restliche Feuchtigkeit herauspressen.

7. Lass die Weltkugeln gut trocknen. Das dauert ein bis zwei Tage.

Das Saatpapier ist eine schönes Geschenk. Wenn du möchtest kannst du dafür ein Papiertütchen falten:

Samen sähen:

Saatpapier auf einem Teller auf der Fensterbank für ein paar Tage regelmäßig anfeuchten. Wenn die Samen keimen, Papier vorsichtig in weiche Erde einpflanzen.

PFLANZENRETTER

Fällt es dir auch schwer, daran zu denken, deine Pflanze regelmäßig mit Wasser zu versorgen? Dann ist dieser Übertropf perfekt für dich!
Warum? Finde es heraus.

Du brauchst:

- leere 1,5 l PET-Flasche mit Deckel
- Schraubendreher
- wasserfeste Stifte oder Aufkleber
- Wollfaden
- eine kleine Pflanze - am besten eignen sich Gartenkräuter, da du sie auch weiterverwenden kannst
- scharfes Messer

Beobachtung:

Die **Kordel saugt** das **Wasser** auf und transportiert es **nach oben**. Dort hält sie die Erde feucht und die Pflanze kann über ihre **Wurzeln** so viel Wasser aufnehmen, wie sie zum **Leben** braucht.

Ist der untere Teil komplett mit Wasser gefüllt, kann sich die Pflanze davon über Wochen ernähren.

So geht's:

1. Für diesen Schritt ist es gut, wenn du eine erwachsene Person an deiner Seite hast. Schneide mit einem scharfen Messer ein Drittel der Flasche ab. So entsteht ein Trichter, in dessen Deckel du ein Loch bohrst - mit einem Schraubendreher geht das ganz gut. Nun drehst du dir aus einem Wollfaden eine ca. 40 cm lange Kordel. Denke daran, dass die einzelnen Fäden vor dem Drehen mindestens 4-mal so lang sein müssen. Verziere deinen Pflanzentopf mit Farben und Stickern, wie es dir gefällt.

2. Nun tränkst du das Seil im Wasser und fädelst es zur Hälfte durch das Loch im Deckel, den du dann wieder aufschraubst. Stecke den oberen Teil der Flasche verkehrtherum in den unteren Teil und lege die Kordel spiralförmig hinein.

3. Jetzt kannst du deine Pflanze in den Trichter eintopfen oder du befüllst ihn mit Erde und setzt ein paar Samen ein. Das erste Mal bitte die Erde von oben gießen.

4. Wenn du den Trichter anhebst, kannst du dann noch den unteren Teil mit frischem Wasser befüllen.

Erklärung:

Jede Pflanze braucht Licht und Wärme, Erde und die Nährstoffe darin und eben auch Wasser. Die Wurzeln sind dazu da, das Wasser zusammen mit den Nährstoffen aus dem Erdboden aufzunehmen.

Im Sommer regnet es leider auch bei uns immer seltener und viele Pflanzen leiden unter der Trockenheit. Vor allem Bäume brauchen unsere Hilfe. Denn ist ein Baum einmal vertrocknet, ist er tot.

Wie du ihm helfen kannst, siehst du auf Seite 100.

TIPP:

Du kannst in deiner Bewässerungsflasche auch eigene Pflanzen aus Samen aufziehen. Beachte, dass du sie nur von oben gießt, bis sich Wurzeln gebildet haben. Dann kann deine Pflanze selbständig das Wasser aufnehmen.

TIERWOHL

Ein gutes Leben

Das wünschen wir uns auch für alle Tiere, von denen unser Essen stammt. Wie gut oder schlecht Tiere gehalten wurden, können wir nicht immer auf den ersten Blick sehen. Und es gibt in Deutschland bisher leider auch keine Pflicht, etwas zu den Lebensbedingungen der Tiere auf die Verpackungen zu schreiben. Wenn wir also wissen wollen, woher etwas kommt, müssen wir beim Metzger nachfragen oder versuchen, wie ein Detektiv die Codes und Verschlüsselungen auf der Verpackung zu lösen.

Tierwohl am Beispiel Ei. Bei Eiern ist es da schon übersichtlicher als bei Fleisch.

Wusstest du, dass es ganz unterschiedliche Möglichkeiten gibt, wie Hühner gehalten werden? Woher ein Ei kommt, verrät die aufgedruckte Zahl auf der Eierschale.
An der ersten Nummer erkennst du die Haltung.

0 = ökologische Haltung
1 = Freilandhaltung
2 = Bodenhaltung
3 = Käfig- oder Kleingruppenhaltung

Wenn du möchtest, dass die Eier, die du isst, von Hühnern stammen, die sich im Freien bewegen dürfen, solltest du darauf achten, die Nummer **0** oder **1** zu kaufen. Bei den anderen Nummern leben sehr viele Tiere in kleinen Ställen zusammen. Zum Glück werden immer mehr Hühner ökologisch gehalten. Das entscheiden auch wir mit, indem was wir kaufen.

TIPP:

Eierersatz: Möchtest du das nächste Mal beim Kuchenbacken ein Ei sparen kannst du es durch eine halbe reife Banane oder 1 El Speisestärke und 3 EL Wasser ersetzen.

WOHLSTAND

7 BEZAHLBARE UND SAUBERE ENERGIE

8 MENSCHENWÜRDIGE ARBEIT UND WIRTSCHAFTSWACHSTUM

9 INDUSTRIE, INNOVATION UND INFRASTRUKTUR

10 WENIGER UNGLEICHHEITEN

11 NACHHALTIGE STÄDTE UND GEMEINDEN

BEZAHLBARE UND SAUBERE ENERGIE

Ziel ist es, dass in Zukunft alle Menschen Zugang zu bezahlbarer und nachhaltiger Energie haben.

Sonnenlicht, Wasser und Wind gibt es auf unserer schönen Erde genug.
Das ist super, denn aus ihnen können wir die Energie gewinnen, die wir benötigen.
Diese natürlichen Energiequellen erzeugen kaum Schadstoffe und gehen niemals aus.
Darum heißen sie auch erneuerbare Energien.
Es ist wichtig, dass wir auf diese erneuerbaren Energiequellen umsteigen, denn fossile Rohstoffe wie Kohle, Erdöl und Gas sind nicht nur irgendwann verbraucht - durch ihre Herstellung werden auch große Mengen an CO_2 (Kohlenstoffdioxid) und Methan freigesetzt (hat bis zu 87 Mal stärkeren negativen Klimaeffekt in der Atmosphäre als CO_2).
Diese Gase sind hauptverantwortlich für die Erderwärmung und die damit verbundenen Probleme unserer Erde. (Siehe S. 56 Ziel 13 und das Experiment zu CO_2 auf S. 88.)

In Deutschland stammen ca. 25,9 % des gesamten Stroms aus Windkraftanlagen.

Die Energieproduktion mit Biomasse liegt mit einem Anteil von 8,2 % an Stelle 3, nach der Sonnenenergie.

Erneuerbare Energie in Deutschland*

Aus Wasserkraftwerken fließen 3 % des erzeugten Stroms in Deutschland.

Etwa 11,4 % des Gesamtstroms werden aus Solaranlagen gewonnen.

* Stand 2022

SONNENKRAFT: PURE ENERGIE!

POWER
POWER
POWER
POWER
POWER

Du brauchst:

- Sonne
- weißes Papier
- schwarzes Papier
- 2 leere, saubere Tetrapacks
- weiße und schwarze Farbe

Weiße Flächen wie zum Beispiel Eisberge „reflektieren" die Sonne. Das heißt, sie werfen Sonnenstrahlen wieder zurück und nehmen nur wenig Sonnenlicht auf.

So geht's:

1. Lege das weiße und das schwarze Papier nebeneinander im Freien an einen sonnigen Platz. Wie fühlt sich das Papier nach wenigen Minuten an? Eine Farbe absorbiert das Sonnenlicht, die andere reflektiert es. Spürst du den Unterschied zwischen den verschiedenen Farben?

2. Nun kannst du einen Tetrapack komplett mit weißer und den anderen mit schwarzer Farbe bemalen.

3. Sind beide getrocknet, kannst du sie mit zimmerwarmem Wasser befüllen. Lass nun die Sonne arbeiten und dein Wasser erwärmen. Dazu stellst du beide Tetrapacks in die pralle Mittagssonne und wartest ab.

4. Nach circa 2 Stunden kannst du vorsichtig fühlen wie warm das Wasser im Karton geworden ist. Spürst du den Unterschied?

7 BEZAHLBARE UND SAUBERE ENERGIE

Let's do it!

Dunkle Farben hingegen „verschlingen" das Sonnenlicht, man sagt sie „absorbieren" das Licht. Das schwarze Blatt Papier wird daher schneller warm als das weiße. Dieser Effekt wird zum Beispiel bei der Solarthermie genutzt. Mithilfe von Sonnenkollektoren wird Wasser durch Sonnenstrahlen erhitzt. Dieses warme Wasser kann dann zum Duschen und Händewaschen benutzt werden.

Beobachtung:

Das schwarze Blatt wurde viel heißer als das Weiße. Beim Wasser wurde die Sonnenwärme weitergegeben.
Das Wasser im schwarzen Tetrapack ist deutlich wärmer geworden als im Weißen.

WINDKRAFT: PURE ENERGIE

Luft hat Kraft – also lass sie uns nutzen!

Du brauchst:

- leere Flasche mit Korken
- Bastelpapier DIN A4
- Trinkhalm
- Holzspieß
- Klebeband
- Klebestift
- Faden
- scharfes Messer

So geht's:

1. Zuerst falten wir das Windrad. Dazu schneidest du aus dem Papier ein Quadrat zurecht. Im Beispiel sind es 20 cm x 20 cm. Falte dann jede Ecke einmal zur gegenüber liegenden und öffne das Papier wieder. So entsteht ein Kreuz aus 2 Diagonalen. Als Nächstes schneidest du von jeder Ecke aus etwa bis zur Hälfte der Strecke zum Mittelpunkt ein. Nun klebst du jede Ecke in der Mitte mit Klebestift fest.

2. Solange das Windrad trocknet, schneidest du von einem Korken zwei schmale und eine breitete Scheibe ab. Das geht mit einem scharfen Messer sehr einfach, aber frage dazu am besten einen Erwachsenen um Hilfe. Hast du keine Flasche mit Korken zur Hand, kannst du auch ein Stück Karton oder Knete dafür nutzen.

3. Stecke das übrig gebliebene Stück Korken wieder auf deine Flasche und verschließe sie damit. Das ist nun der Mast, auf den du gleich dein Windrad setzt. Dazu nimmst du den Trinkhalm und befestigst ihn mit Klebeband am Deckel der Flasche. Kürze ihn vorne und hinten so, dass er ca. 2 cm breiter ist als die Flasche.

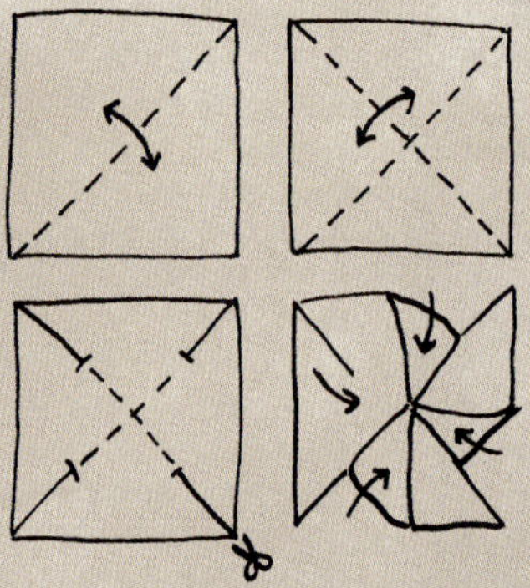

4. Nimm den Holzspieß und stecke die breite Korkenscheibe darauf. Schiebe sie ganz ans Ende des Spießes. Geht es schwer, kannst du erst mit einer Nadel ein Loch hinein piksen. Nun schiebst du den Spieß durch den Strohhalm auf der Flasche, steckst eine Korkscheibe an das Windrad und abschließend noch die letzte Korkscheibe mittig darauf. Sicher ist der Spieß etwas zu lang – dieses Teil kürzt du einfach mit der Schere.

5. Mit einem Stück Faden, das so lang ist wie die Flasche, baust du nun einen Aufzug. Knote das Band vorsichtig um die hintere Korkscheibe. Am anderen Ende, das nun hinunter hängt, kannst du aus dem restlichen Stück Papier eine Lasche falten und daran befestigen.

7 BEZAHLBARE UND SAUBERE ENERGIE

Beobachtung:

Wenn du das Windrad in den Wind stellst oder kräftig pustest, bewegt es sich und hebt sogar die Last. Welche Last schafft dein Windrad? Was kannst du alles in die Lasche hineinlegen?

Mit Wind kann Energie erzeugt werden. Diese Energie treibt hier eine Achse an, die dann den Faden aufwickelt. Große Windenergieanlagen nutzen die Kraft des Windes und wandeln sie mit Generatoren in Strom um.

Wichtig für ein Windrad ist ein guter Platz, an dem sich die Flügel möglichst immer drehen. Was denkst du, wo solch ein Platz sein kann? Nimm dein Windrad doch mal mit nach draußen und probiere es aus!

8 MENSCHENWÜRDIGE ARBEIT UND WIRTSCHAFTSWACHSTUM

MENSCHENWÜRDIGE ARBEIT UND WIRTSCHAFTSWACHSTUM

Ziel ist es, ein dauerhaftes, inklusives und nachhaltiges Wirtschaftswachstum, produktive Vollbeschäftigung und menschenwürdige Arbeit für alle zu schaffen.

Egal ob Kleidung, Elektrogeräte oder Lebensmittel, weltweit wird immer mehr konsumiert und produziert. Doch dieses Wirtschaftswachstum alleine führt nicht dazu, dass alle Menschen **mehr Geld verdienen**. Im Gegenteil, es gibt weltweit viele Menschen, die in Armut leben, obwohl sie viel arbeiten.
Damit wir **günstig einkaufen** können, werden Produkte in Ländern wie Bangladesch, Indien und Pakistan so billig wie möglich produziert. **Billig produzieren** geht nur, weil in diesen Ländern Menschen unter **schwersten Arbeitsbedingungen** sehr viel arbeiten. Teils sogar gegen ihren Willen in **Zwangsarbeit**.
Ihre Arbeit ist oft gesundheitsgefährdend und sie bekommen einen Lohn, von dem sie kaum leben können. Der Preis, den wir hier also für billige Produkte bezahlen, ist eigentlich sehr hoch, denn er geht auf Kosten anderer Menschenleben und auch auf Kosten der Umwelt.

Was kostet mein T-Shirt?
Gesamtpreis: 29,00 Euro

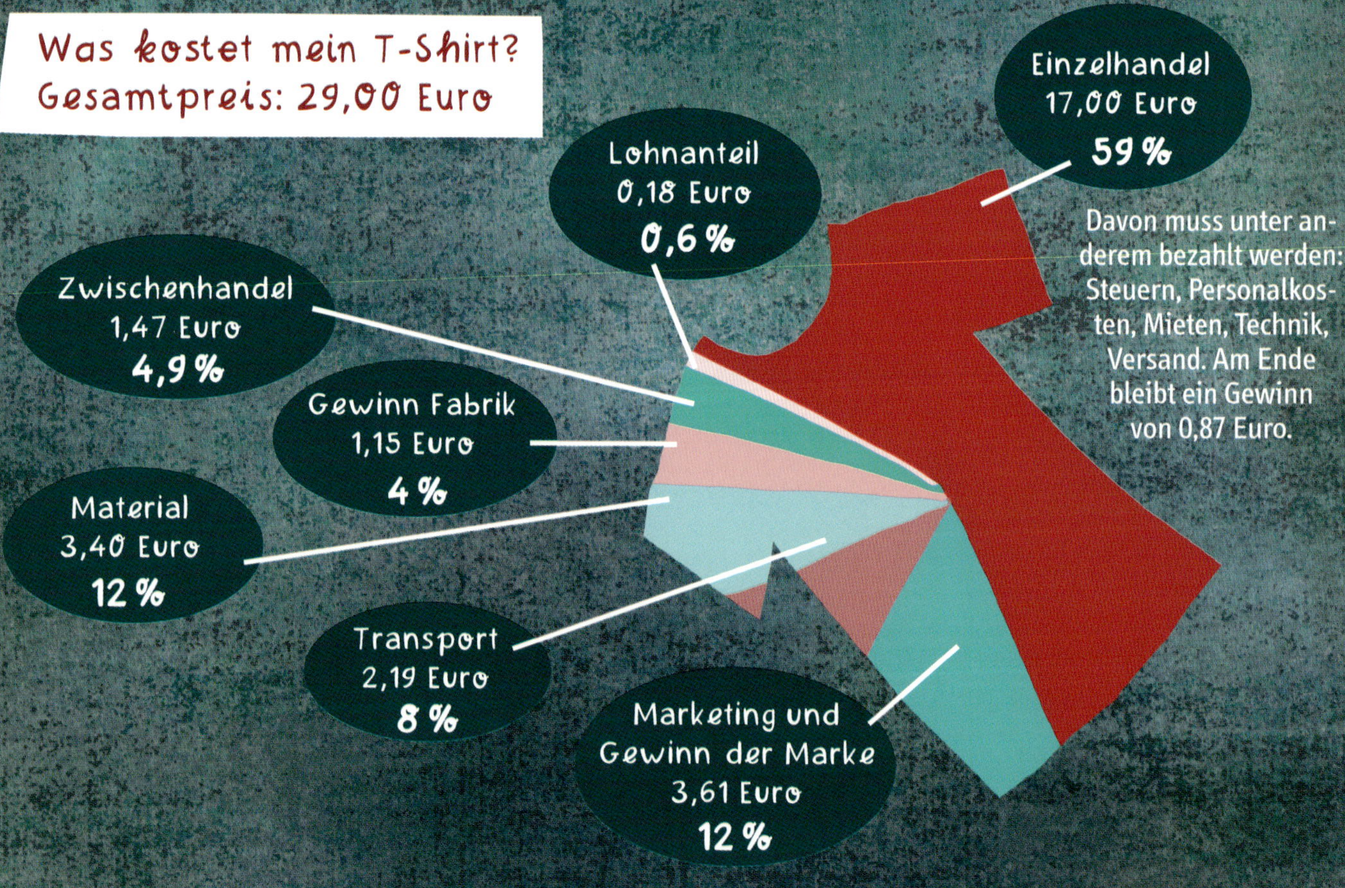

Faire Bezahlung unterstützen

Gute Arbeitsplätze, von denen man leben kann!

Für mehr Gerechtigkeit zwischen Menschen ist es wichtig, dass jeder für seine Arbeit fair bezahlt wird. Es gibt Organisationen, die sich um einen gerechten Handel, **„Fair Trade"**, kümmern. Das heißt, sie kontrollieren, dass alle für ihre Arbeit fair bezahlt werden.

Wir können sie dabei unterstützen, indem wir bei unserem Einkauf auf das Fair-Trade-Siegel achten.

Was ist Fairtrade?

Ziel ist es, dass alle Handelspartner langfristig fair und gleichberechtigt miteinander umgehen.

Die Gruppe der Kleinbauern bekommt eine Fairhandelsprämie.

Die Umwelt wird bestmöglich geschützt.

Die Arbeiter werden fair bezahlt.

Kinderarbeit ist verboten.

Es herrschen sichere und gesunde Arbeitsbedingungen.

MÖCHTEST DU WAS BEWEGEN?

Das geht im Fairen Handel richtig gut!

Doch erst einmal musst du herausfinden, welche Produkte es überhaupt in „fair“ gibt. Nutze doch einfach den nächsten Einkauf im Supermarkt als Check und schaue direkt nach.

Es gibt verschiedene Labels und , die für Produkte aus fairem Handel stehen. Welche findest du? Mache ein Foto davon und schaue im Internet nach, für was sie stehen.

Welche Produkte gibt es in eurem Supermarkt Fair trade oder regional/Bio oder zu kaufen?

8 MENSCHENWÜRDIGE ARBEIT UND WIRTSCHAFTSWACHSTUM

Challenge:

Wäre es nicht eine tolle Challenge, gemeinsam mit deiner Familie oder Schulklasse ein Faires Picknick/Frühstück zu organisieren? So kannst du nicht nur den fairen Handel unterstützen, sondern auch gleichzeitig andere darauf aufmerksam machen.

Gerade für ein Frühstück findest du einiges, das Fair hergestellt wurde. Schaue dabei zum einen nach einem der Fair-Trade-Siegel oder aber nach regional und Bio.

Und obwohl viele das eine oder andere Fair-trade-Siegel auch schon kennen und wir wissen unter welchen schlechten Bedingungen andere Menschen unsere Produkte herstellen, gibt es Gründe, warum wir diese nicht immer kaufen können. Dennoch ist es uns nicht egal und wir können, wann immer wir die Möglichkeit dazu haben, darauf achten und den fairen Handel unterstützen. Das macht einen großen Unterschied.

9 INDUSTRIE, INNOVATION UND INFRASTRUKTUR

INDUSTRIE, INNOVATION UND INFRASTRUKTUR

Ziel ist es, eine gute Infrastruktur aufzubauen, die Industrie nachhaltiger zu machen und neue Ideen zu unterstützen.

32.206 allgemeinbildende Schulen (Stand 2021).

Weltweit gibt es immer mehr Fabriken mit Maschinen, die etwas für uns herstellen. Sie setzen enorm viele Treibhausgase frei. Diese Gase, auch CO_2 genannt, sammeln sich in der Atmosphäre zu einer Wärme reflektierenden Schicht (siehe S. 56). Daher ist es ist wichtig, dass die Industrie umweltfreundlicher wird. Hierzu muss sie innovativ sein. Das bedeutet neue Ideen zu entwickeln, die nachhaltiger für uns alle sind.

Unter Infrastruktur zählt alles, was nötig ist, damit sich eine Region weiterentwickeln kann, z.B. gut vernetze Verkehrswege, Gas, Strom, Wasserversorgung und auch das Internet. Umso besser eine Infrastruktur eingerichtet ist, desto besser sind die Lebens- und Arbeitsbedingungen der Menschen in dieser Region. Zu einer guten Infrastruktur zählen auch (Beispiel Deutschland):

8.900 öffentliche und wissenschaftliche Bibliotheken (Stand 2021)

34.947 Einkaufsmöglichkeiten / Filialen im Lebensmitteleinzelhandel (Stand 2018).

1.887 Krankenhäuser (Stand 2021).

99.117 Spielplätze (Stand 2020)

Es soll alles geben, was Menschen brauchen!

Um „mobil“ zu sein, das heißt, sich frei fortbewegen zu können und nicht an einem Platz bleiben zu müssen, sind öffentliche Verkehrsmittel wie Bus und Bahn besonders wichtig. Da viele Menschen gleichzeitig damit fahren können, entstehen auch weniger Treibhausgase als mit einem Auto. Welche Möglichkeiten hast du, dich fortzubewegen?

CO_2-Verbrauch pro Person und km*

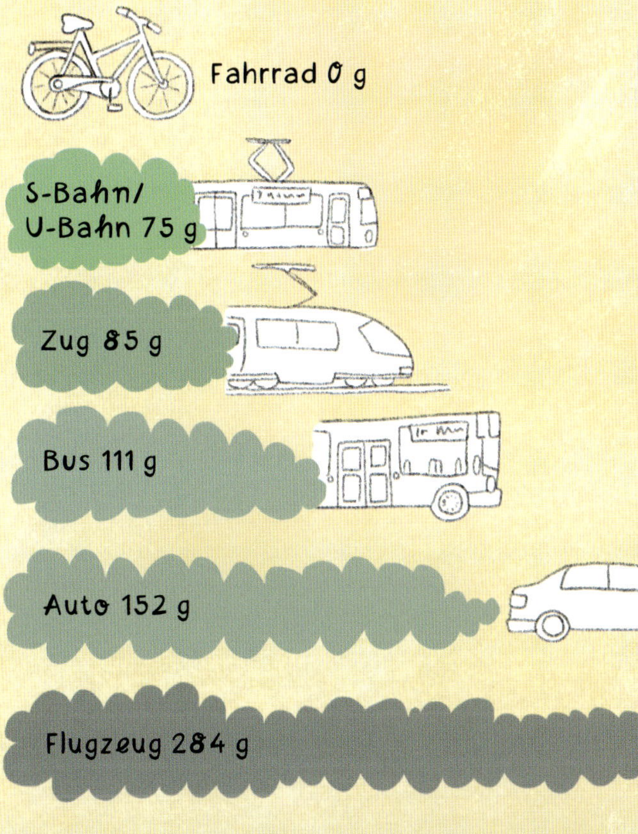

* Stand 2021

CO_2 SICHTBAR MACHEN

Gase sind unsichtbar. Deswegen können wir nur schwer begreifen, dass es sie wirklich gibt. In diesem Versuch machen wir sie sichtbar.

Du brauchst:

- Essig
- Backpulver
- Luftballon
- leere Glasflasche
- Trichter
- Teelöffel

So geht's:

1. Mit dem Trichter die Glasflasche bis zur Hälfte mit Essig befüllen.

2. Backpulver in den Luftballon füllen. Das geht auch am besten mit dem Trichter. Trockne ihn dafür gut ab.

3. Den Luftballon gut verdrehen, sodass nichts herausrieseln kann und langsam die Öffnung über den Flaschenhals ziehen. Falls er nicht perfekt abdichtet, lieber zusätzlich mit einem Gummiband fixieren. Nun hängt der mit Backpulver gefüllte Ballon an der Flasche.

4. Jetzt kannst du ihn einfach so über die Flasche halten, dass das Backpulver in die Flasche rieselt und beobachten, wie durch die Reaktion von Essig und Backpulver CO_2 entsteht.

Beobachtung:

Das Backpulver und der Essig bilden Bläschen, die den Ballon aufpusten.

9 INDUSTRIE, INNOVATION UND INFRASTRUKTUR

Erklärung:

Wenn du Natron und Essig mischst, entsteht Kohlenstoffdioxid (CO_2). Dieses farblose Gas füllt den Ballon und pustet ihn auf.
CO_2 wird auch Kohlenstoffdioxid genannt und ist ein durchsichtiges Glas, das nicht nur in Fabriken, sondern bei jeder Art von Verbrennung entsteht.

Wir denken dabei sofort an Autogase oder an den Rauch, der aus Schornsteinen einer Fabrik oder Wohnhaus qualmt. Denn überall dort wird eine sehr große Menge Kohlendioxid produziert. Aber selbst wenn du Sport machst, werden Kalorien in deinem Körper verbrannt und du atmest CO_2 aus.
Zu viel CO_2 schadet unserem Klima! In natürlicher Menge ist es wiederum gut für uns, denn es wird durch Pflanzen in den für uns lebenswichtigen Sauerstoff umgewandelt.

BUTTER SELBER MACHEN

Energie aus Muskelkraft

Um anstrengende Arbeiten zu verrichten, verwenden wir Menschen immer weniger unsere eigene Energie. Wir lassen sie lieber von Technik übernehmen, die viel Strom bzw. Öl verbraucht.

Viele der Arbeiten könnten wir aber mit unserer Muskelkraft machen! Für die Umwelt und das Klima wäre es auf jeden Fall besser und es macht ein gutes Gefühl, etwas mit den eigenen Händen herzustellen.

Probiere es aus und mache deine Butter selbst!

Du brauchst:

- Bio Sahne 30% Fett
- Einmachglas mit Schraubverschluss
- Schüssel mit kaltem Wasser

Zur Produktion von Butter braucht man sehr viel Milch. Oft kommt die Butter im Supermarkt von Kühen in Massentierhaltung.

9 INDUSTRIE, INNOVATION UND INFRASTRUKTUR

So geht's:

1. Befülle ein sauberes Einmachglas bis zur Hälfte mit Sahne. Den Deckel gut verschließen und schütteln was das Zeug hält! Am besten wechselst du dich dabei mit anderen ab. Zuerst wird dabei die Sahne zu Schlagsahne.

2. Wenn du dann weiter schüttelst entsteht ein Butterklumpen und die Buttermilch. Die kannst du trinken, sie schmeckt sehr lecker!

3. Hole die Butter aus dem Glas und drücke sie einmal so kräftig zwischen deinen Händen, dass die restliche Flüssigkeit austritt. Mit den Milchresten wäre sie nicht lange haltbar. Dafür legst du sie in eine Schüssel mit kaltem Wasser und drückst die Butter mit dem Löffel so lange aus, bis das Wasser nicht mehr trüb wird. Dafür musst du das kalte Wasser nochmal austauschen.

4. Bringe deine Butter in Form. Dafür kannst du sie in eine kleine Tasse, in Eiswürfelformen oder auch in ein Einmachglas drücken. Dann in den Kühlschrank stellen bis sie wieder richtig fest ist.

Margarine wird aus Pflanzen gewonnen und die Produktion ist erst einmal nachhaltiger als die von Butter. Schaue beim Kauf darauf, dass kein Palmöl in der Zutatenliste steht. Denn für Palmöl wird viel Regenwald gerodet.

Variation:

- Rosmarin klein hacken und Zitronenschale reiben und mit etwas Salz unter die Buttermasse rühren, bevor du sie in die Form streichst
- Kräuterbutter mit klein geschnittenem Schnittlauch, Petersilie und Knoblauch

WENIGER UNGLEICHHEITEN

Ziel ist es, dass es weniger Ungleichheiten in einem Land und zwischen verschiedenen Ländern gibt.

Worauf kommt es an?
Von Land zu Land und Region zu Region unterscheiden sich Infrastruktur, Bildungsangebot und Rechte. Je nach Region oder Geschlecht ist es leichter an Bildung und somit an gut bezahlte Berufe zu kommen. Dies wiederum fördert mehr Bildung und die Möglichkeit finanziell abgesichert zu sein, nicht zu hungern und ein Dach über dem Kopf zu haben. Manche Kinder laufen einen halben Tag zur Schule. Es gibt Länder in denen Mädchen heimlich lernen, weil es ihnen verboten ist eine Schule zu besuchen. Das ist nicht fair und führt zu ungleichen Chancen.

Unterschiede innerhalb Deutschlands:
Je nachdem wie vermögend eine Familie ist, kann ein Kind mehrmals im Jahr in den Urlaub fliegen und hat ein größeres Bildungsangebot, bessere Berufschancen, eine bessere Gesundheitsvorsorge und mit einem bestimmten Bildungsgrad auch größere politische Mitbestimmung.

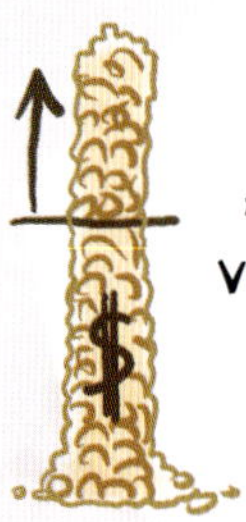

Der geschätzte Anstieg des Vermögens von Milliardären während der Corona-Pandemie liegt bei 50 %.

1 % der Menschheit besaß 2017 mehr als ein Drittel des weltweiten Vermögens.

Auf die Waage gelegt:

Alle Menschen sollen die gleichen Chancen haben!

1 von 5 Personen hat in ihrem Leben bereits Diskriminierung erfahren.

71 % der Weltbevölkerung lebt in Ländern, in denen die Ungleichheit seit 1990 steigt.

89,3 Millionen Menschen waren Ende 2021 weltweit auf der Flucht. Der russische Krieg gegen die Ukraine 2022 hat ihre Zahl auf mehr als 100 Millionen Menschen erhöht.

Die Ungleichheit in Entwicklungs- und Schwellenländern ist in Folge der Corona-Pandemie um 6 % gestiegen.

WAS IST GERECHT?

Natürliche Ressourcen wie Wasser und Sonne gibt es nicht überall auf der Erde gleich viel. Wäre alles auf der Erde gerechter verteilt, gäbe es sicherlich viel weniger Streit, Krieg und Flucht.

Du brauchst:

- verschiedene Gläser
- 1 l Wasser

So geht's:

Stelle verschiedene Gläser bereit. Wenn du magst kannst du Gesichter aufmalen oder Augen aufkleben und dir überlegen was derjenige wohl sagen könnte. Nun ist es deine Aufgabe 1 l Wasser so aufzuteilen, dass es gerecht ist.

Beobachtung:

Das ist gar nicht so einfach zu sagen. Denn die Gläser sind unterschiedlich groß und nicht immer lässt sich etwas logisch aufteilen. Wenn doch, stellt sich jeder unter Gerechtigkeit (etwas) anderes vor. Oder?

10 WENIGER UN-GLEICHHEITEN

Erklärung:

Was wir gerecht finden, kommt auf die Situation oder das Umfeld, in dem wir gerade sind, an. Dabei denken wir meist an die Erfahrungen, die wir schon gemacht haben.

Gerechtigkeit sieht also je nach Situation immer anders aus.

Ziel von nachhaltiger Entwicklung ist es, die Dinge die vorhanden sind, so zu verteilen, dass alle dieselben Chancen haben.

Drei Ansätze, die bei uns alle als gerecht gelten

Gleichheit: Alle bekommen genau gleich viel. Da die Gläser unterschiedlich groß sind, wird die Menge vorher abgemessen.

Bedürfnis: Eine Person, der schwindelig ist, bekommt als erstes so viel, wie sie benötigt, um sich gut zu fühlen.

Leistung: Eine Person hat sich davor besonders angestrengt und ist 5 km gelaufen - nun bekommt sie am meisten zu trinken.

11 NACHHALTIGE STÄDTE UND GEMEINDEN

NACHHALTIGE STÄDTE UND GEMEINDEN

Ziel ist es, Städte und Siedlungen für alle sicher und nachhaltig zu machen.

Städte sollen nachhaltig sein!

Die Weltbevölkerung wächst. Immer mehr Menschen wollen weg vom Land und ziehen in der Hoffnung auf ein **besseres Leben** in Großstädte. Doch dort wird der Platz immer enger. Über 1 Milliarde Menschen, also **jeder siebte Mensch** auf dieser Welt, lebt laut Schätzungen der Weltbank in sogenannten **Slums**. Hier leben sehr viele Menschen auf sehr **wenig Raum.** Sie können sich keine Wohnung und kein Haus leisten und wohnen in selbstgebauten Hütten und Verschlägen. Diese sind oft unsicher gebaut, selten gibt es für jeden ein Bett. Meist fehlen fließendes Wasser, Strom und medizinische Versorgung.

Nachhaltige Nutzung der Flächen

Senken der Umweltbelastung durch Städte

Gesicherte Grundversorgung und digitale Anbindung ländlicher Gemeinden

In Deutschland

Auch hier ist die **Wohnungsnot groß.** Immer mehr Menschen haben **Angst** ihre Mieten in der Stadt nicht mehr bezahlen zu können. Eine große Aufgabe der Politik ist es da, niemanden auszuschließen – also inklusiver zu werden. Dazu muss es mehr **bezahlbaren Wohnraum** geben. Dennoch darf man gerade in Städten nicht vergessen, etwas für das Klima zu tun und die Natur zu schützen. Gleichzeitig muss der **ländliche Raum** durch **Infrastruktur** (Ziel 9) für alle attraktiver gemacht werden.

Bis 2050 werden etwa 75 % der Weltbevölkerung in Städten leben.

Sichere, bezahlbare und nachhaltige Mobilität in der Stadt und auf dem Land

Bezahlbarer Wohnraum für alle

STRASSENMALFARBE SELBER HERSTELLEN

Du kannst mit Straßenmalfarbe nicht nur deine Stadt verschönern, sondern auch wichtige Botschaften verbreiten. Rühre deine Farbe mit dem an, was du zu Hause findest.

So geht's:

1. Wenn du färbende Lebensmittel nutzen möchtest, kochst du diese in etwas Wasser auf und mixt beides anschließend sehr fein.
2. Gib 2 EL Speisestärke und 4 EL Farbsud in ein Glas. Rühre alles solange, bis keine Klümpchen mehr zu sehen sind. Wenn du anstelle von färbenden Lebensmitteln Lebensmittelfarben verwendest, ersetze einfach den Farbsud durch 4 EL Wasser und tropfe einen Tropfen Lebensmittelfarbe dazu.
3. Noch einmal umrühren und fertig ist deine Straßenfarbe.
4. Reste kannst du wenige Tage in einem Glas mit Schraubverschluss aufbewahren.

11 NACHHALTIGE STÄDTE UND GEMEINDEN

Du brauchst:

- Lebensmittelfarbe oder färbende Lebensmittel, besonders eignen sich dafür:
  - Rot bis pink: Rote Beete
  - Grün: Spinat, Löwenzahn
  - Braun: Zwiebelschale
  - Blau: Brombeere, Holunderbeere
  - Gelb: Löwenzahnblüte, Ringelblume
- Kartoffel oder Maisstärke

Die Ziele der AGENDA 2030 sollte jeder mal gehört haben. Verschönere doch damit die Gehwege deiner Stadt!

BAUMPATENSCHAFT

Stadtbäume sind super wichtig!

Sie reinigen nicht nur die Luft, indem sie klimaschädliches CO_2 in nützlichen Sauerstoff umwandeln, sondern spenden auch Schatten und kühlen ihre Umgebung. Uns gibt jedes Stück Natur in der Stadt ein gutes Gefühl und auch hier sind sie ein wichtiges Zuhause von Tieren wie Vögel und Eichhörnchen.

So ein Stadtbaum hat es aber leider schwer. Denn seine Lebenserwartung ist nur halb so hoch, wie die seiner Artgenossen in freier Natur.

Das liegt daran, dass ein Baum in der Stadt viel mehr aushalten muss. Gerade die Bäume, die direkt an die Straße gepflanzt werden, haben laut Experten eine viel geringere Lebenszeit:

Darum braucht er dich!

Vielleicht gibt es in deiner Straße einen Baum, um den du dich im Sommer kümmern kannst?

1. Gieße ihn mindestens einmal in der Woche mit 10l Wasser, gerne auch öfter.
2. Schaue, dass die Erde rundherum gelockert ist. So kann deutlich mehr Wasser absickern und vom Baum aufgenommen werden falls es regnet.
3. Die Erde um den Baum von Müll befreien.
4. Erzähle deinen Freunden von deiner Baumpatenschaft, vielleicht haben sie auch Lust, sich um einen Baum zu kümmern.

Im Winter Streusalz, im Sommer starke Hitze und Trockenheit.

Täglich pinkeln Hunde an den Stamm.

Unter Bäumen wird Müll abgeladen.

Autos parken zu dicht an den Bäumen.

TIPP:

Manche Städte haben schon Erfahrung und du kannst dich ganz offiziell als Baumpate anmelden. Frage dazu einfach bei deiner Stadtverwaltung nach.

FRIEDE

16 FRIEDEN, GERECHTIGKEIT UND STARKE INSTITUTIONEN

16 FRIEDEN, GERECHTIGKEIT UND STARKE INSTITUTIONEN

FRIEDEN, GERECHTIGKEIT UND STARKE INSTITUTIONEN

Ziel sind Gesetzgeber, die unabhängig entscheiden und so für Gerechtigkeit sorgen, damit alle Menschen die Möglichkeit haben friedlich zusammenzuleben.

Frieden auf der ganzen Welt, das wünschen wir uns alle. Leider sieht es in vielen Ländern anders aus. Jeden Tag **sterben Menschen** durch bewaffnete Konflikte. Es geht dabei meistens um Macht und Rohstoffe.
Weil es in **Kriegsgebieten** nicht sicher ist, müssen Menschen oft aus ihrer Heimat flüchten und sich einen sicheren Unterschlupf oder ein neues zu Hause suchen.
In armen Ländern ist Bestechung und Schmiergeld (**Korruption**) ein großes Problem. Kann nicht bezahlt werden, werden einem zum Leben notwendige Dinge verwehrt.
2022 griff Russland die Ukraine an und brachte damit den Krieg auch wieder nach Europa.

Gemeinsam sind wir stark:
Die NATO („North Atlantic Treaty Organization", übersetzt „Organisation des Nord-Atlantik-Pakts") ist ein Militärbündnis von 30 Ländern. Sie haben sich verpflichtet, einander zu helfen, wenn eines der Mitglieder angegriffen wird.
Fast alle EU-Länder (23 von 27) sind Mitglied der NATO, darunter auch Deutschland.

Krieg: Streit zwischen Ländern/jeweilige Regierungen
Bürgerkrieg: Krieg innerhalb eines Landes zwischen unterschiedlichen Gruppen.

Wie so oft im Krieg ist die Leidtragende die Zivilbevölkerung.

Wann kommt es zu Streit?

- Unterschiedliche Meinung
- Besitzansprüche
- Macht
- Verteidigung
- Ungerechte Behandlung
- Fällt dir ein, was dich zum Streiten bewegen könnte?

Alle Menschen können in Frieden zusammenleben.

2021 fanden weltweit **28 Kriege** und bewaffnete Konflikte statt. Teilweise halten sie schon seit über 30 Jahren an. **5 dieser Kriege** konnten 2022 zum Glück **beendet** werden.

Die **friedlichsten Länder** der Erde (Stand 2021)

1. Island
2. Neuseeland
3. Dänemark

...

6. Österreich
7. Schweiz

...

17. Deutschland

Weltfriedensindex

Es gibt das Institut für Wirtschaft und Frieden, dieses ermittelt jedes Jahr den Weltfriedensindex und misst damit, wie friedlich Länder sind. Dafür nutzen sie 23 Kriterien, wie z. B.:

- Anzahl geführter Kriege
- Risiko Terroranschläge
- Beziehung Nachbarländer
- Anzahl Polizisten
- Höhe Militärausgaben
- Achtung Menschenrechte
- UN-Einsätze
- Import/ Export Waffen
- Anzahl/ Level Verbrechen
- Politische Stabilität

Doch was ist Frieden?

Anhand der Kriterien des Weltfriedensindex kannst du sehen, dass Frieden so viel mehr ist als nur die Abwesenheit von Krieg.
Frieden bedeutet kein Krieg und keine strukturelle Gewalt. Alle Menschen sind gleichgestellt und werden gerecht behandelt.

FRIEDENSTAUBE

Eine Friedenstaube steht für unseren gemeinsamen Wunsch nach einem friedlichen Zusammenleben auf der ganzen Welt.

So geht's:

1. Zeichne mit dem Lineal an der längeren Seite deines Papiers einen cm breiten Streifen ab.

1 cm

2. Mache aus dem so entstandenen Streifen einen Knoten und platziere ihn genau in die Mitte.

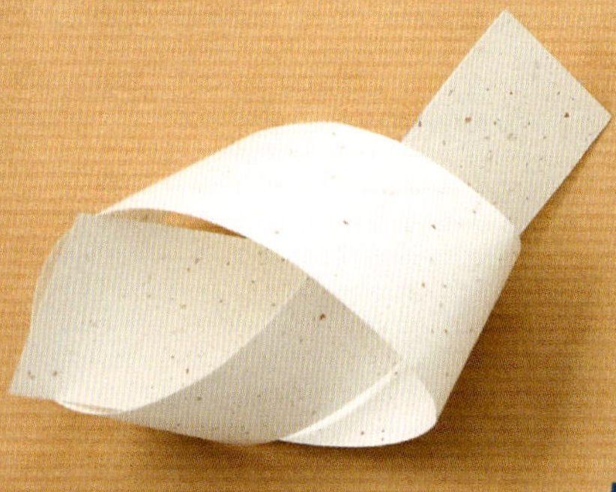

3. Nun drückst du den Papierknoten flach und schneidest vorne eine Kopfform aus, hinten einen Schwanz.

16 FRIEDEN, GERECHTIGKEIT UND STARKE INSTITUTIONEN

Du brauchst:

- Weißes Papier A4
- Lineal
- Schere
- Kleber
- Farben

4. Damit dein Vogel fliegen kann, braucht er noch zwei Flügel. Falte ein kleines Stück Papier und male einen Flügel auf. Nach dem Ausschneiden hast du zwei gleichgroße Flügel, die du mit einem Klebestift auf den Körper deines Vogels klebst.

5. Schneide ihm nun noch einen kleinen Schnabel aus, klebe ihn auf den Kopf und male ihn an.

6. Fertig ist deine Taube, die du aufhängen oder auch auf einen Ast stecken kannst.

Ein bisschen Frieden

PEACE-ANHÄNGER

Den Kreis mit den drei Strichen erkennen Menschen weltweit sofort als Peace-Zeichen. Es wurde 1958 vom britischen Grafiker Gerald Holtom entworfen. Seither steht es symbolisch für ein friedliches Zusammenleben, aber auch als Zeichen gegen den Krieg.

Du brauchst:

- Stahldraht-Ring Memory Wire, Durchmesser 5,5-6 cm
- Basteldraht
- Kleine Perlen
- Zange, Seitenschneider, Rundzange
- Bastelkleber

So geht's:

1. Zwicke mit der Zange eine Umdrehung ab. Wenn du den Ring locker hältst, sollten die beiden Enden ca. 1 cm überlappen. Biege dann an ein Ende mit der Rundzange eine kleine Öse, die im rechten Winkel nach oben steht, damit die Perlen nicht herausrutschen können.

2. Nun ziehst du den gesamten Kreis mit Perlen auf. Entweder einfarbig, bunt oder im Muster - so wie es dir gefällt.

16 FRIEDEN, GERECHTIGKEIT UND STARKE INSTITUTIONEN

3. Wenn du den Kreis locker hältst und sich die erste und letzte Perle berühren, kannst du deinen Kreis verschließen. Dazu biegst du die Öse wieder in Richtung Kreis und ziehst das andere Ende hindurch und biegst es dann wieder zurück.

4. Dann knipst du ein Stück vom Basteldraht ab und wickelst es gegenüber der Öse zwischen zwei Perlen im Außenkreis fest. Ziehe so viele Perlen auf, dass du an der gegenüberliegenden Seite ankommst und befestige das Ende auf die selbe Weise. Für die Seitenarme einen neuen Draht kurz unterhalb der Mitte des halbierenden Drahtes zwischen zwei Perlen verwickeln und die Drahtenden gleichermaßen nach rechts und links führen, mit Perlen versehen und ebenfalls zwischen zwei Perlen befestigen. Überstehende Drahtenden immer abknipsen und einbiegen. Den Draht straff zwischen zwei Perlen befestigen und abknipsen. Als nächstes befestigst du wieder einen Draht für die zwei Schenkel im unteren Bereich deines Kreises. Ziehe so viele Perlen auf, dass es wie ein umgedrehtes „V" aussieht. Wenn sich die zwei Drähte kreuzen, suchst du die genaue Perlenmitte und wickelst den Draht wieder einmal zwischen zwei Perlen um den anderen Draht herum und befestigst den Draht an derselben Stelle, an der gegenüberliegenden Außenseite.

Ein letztes Mal straff zwischen zwei Perlen befestigen und abknipsen.

Wenn du möchtest, kannst du dein Peace Zeichen nun an ein schönes Band knüpfen.

FRIEDE BEGINNT BEI UNS

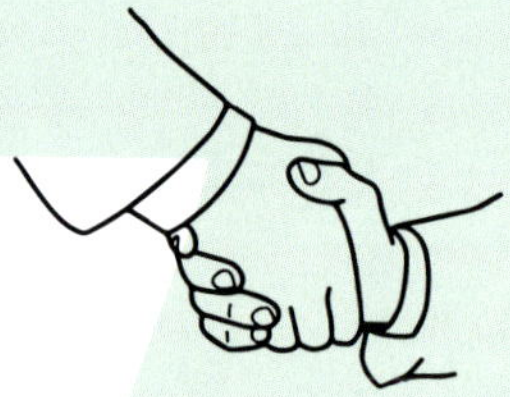

Wo Menschen zusammenleben gibt es unterschiedliche Meinungen und das führt immer wieder zu Streit. Diese Konflikte gehören zum Leben dazu, aber es ist wichtig, dass wir sie friedlich mit Worten lösen.

Bei einem Streit spielen die **GEFÜHLE** eine wichtige Rolle. Sie zu benennen ist gar nicht so einfach, aber superwichtig, um verstanden zu werden. Diese drei Schritte helfen nach einem Konflikt respektvoll eine Lösung zu finden.

Sichtweise:
Jeder sagt aus seiner/ihrer Sicht, was passiert ist.

Gefühle :
Jeder sagt, was ihn/sie geärgert hat. Was seine/ihre Wünsche und Bedürfnisse sind.

Lösung :
Was möchtest du jetzt tun? Kannst du Möglichkeiten oder Ideen anbieten?

TIPP:

Kennst du die Oma Regel schon? Sie Hilft dir nach einem Streit fair mit deinem Gegenüber zu sprechen.

O = Ohren: zuhören und gegenseitig ausreden lassen.
M = Mund: freundlich miteinander sprechen.
A = Augen: dem anderen in die Augen schauen.

PARTNERSCHAFT

17 PARTNERSCHAFTEN ZUR ERREICHUNG DER ZIELE

17 PARTNERSCHAFTEN ZUR ERREICHUNG DER ZIELE

PARTNERSCHAFTEN ZUR ERREICHUNG DER ZIELE

Ziel ist es, dass wir uns für eine nachhaltige Entwicklung vernetzen und weltweit zusammenarbeiten.

NIEMANDEN ZURÜCKLASSEN steht über allen Zielen der Agenda 2030. Denn nachhaltige Entwicklung funktioniert nur, wenn wir alle mitnehmen. Ob arme Länder oder benachteiligte Menschen – es ist wichtig, dass wir uns als erstes um die kümmern, die unsere Unterstützung am meisten brauchen.

Wir haben das **gemeinsame Ziel**, unsere **Erde zu retten**. Um das zu erreichen, müssen wir uns vernetzen und austauschen. Das macht die Politik, aber auch wir können uns über die Ziele austauschen, denn Austausch ist auch immer eine Chance voneinander zu lernen.

Geberländer sollen 0,7 % ihres Bruttonationaleinkommens für ärmere Länder zur Verfügung stellen.

Migrantinnen und Migranten sollen keine hohen Gebühren zahlen müssen für Überweisungen an ihre Familien in ihren Herkunftsländern.

Strukturen schaffen:
Alle Länder sollen gleichberechtigt Zugang zu unserem Finanzsystem, Weltmarkt, Wissen und Technologie erhalten und davon profitieren.

Globale Probleme können nur gemeinsam gelöst werden!

Länder und Kommunen sollen sich ihrer internationalen Verantwortung bewusst werden durch Fachaustausch, Partnerschaftsarbeit und Öffentlichkeitsarbeit.

Alle müssen mitmachen!

Entwicklungspartnerschaften mit privaten Unternehmen sollen **unterstützt werden.**

Alle **sollen einen** Beitrag leisten **zur Erreichung der Ziele für nachhaltige Entwicklung: Wirtschaft, Wissenschaft, organisierte Zivilgesellschaft, Kommunen.**

Alle müssen mitanfassen: **Staaten, Zivilgesellschaften, Volkswirtschaften und Einzelpersonen.**

Entwicklungsländer **sollen** befähigt **werden durch eigene Finanzmittel, Entwicklungsziele und Fortschritte zu erzielen und nachzuverfolgen.**

FREUNDSCHAFTSARMBAND

altes T-Shirt

So geht's:

1. Schneide aus einem alten T-Shirt einen langen dünnen Streifen und wickle ihn zu einem Knäuel Textilgarn. Schaue dir dazu die Zeichnung an. Alternativ kannst du auch eine Kordel dafür nutzen.

2. Lege das Textilgarn doppelt und schneide so viel ab, dass es einmal um dein Handgelenk plus 4 cm reicht. Um deinen Wollfaden abzumessen, streckst du deine Arme aus und nimmst zweimal die Länge von einer Fingerspitze bis zur anderen.

3. Jetzt legst du die Mitte des Textilgarns um einen Stift und knotest das Ende des Fadens sehr fest daran. Dann kannst du die Schlaufe vom Stift herunterschieben und mit einer Sicherheitsnadel an einem schwereren Gegenstand wie Kissen oder Decke befestigen – so kannst du besser daran arbeiten.

17 PARTNERSCHAFTEN ZUR ERREICHUNG DER ZIELE

Du brauchst:

- altes Baumwoll-T-Shirt
- Stoffschere
- Baumwoll- oder Wollfaden
- Nadel und Sicherheitsadel

T-Shirtgarn selber machen

5. Verknote zum Schluss den Faden und ziehe ihn mit einer Nadel ca. 1 cm unter den gewickelten Teil zurück. Jetzt kannst du ihn ganz eng abschneiden und noch zwei Knoten in die überstehenden Enden machen. Schon ist dein Freundschaftsarmband fertig zum Verschenken!

4. Lege das überstehende Ende Faden auf das Textilgarn und wickle es nun von oben herab eng um das dicke Garn. Du kannst auch einfach viele Knoten machen, so entsteht ein tolles Knotenmuster, das sich um das Garn dreht. Dazu legst du den Faden so, dass er das Garn von vorne kreuzt, gehst einmal drumherum und ziehst es von hinten durch die so entstandene Schlaufe fest. Knote oder wickle so lange, bis dein Armband die gewünschte Länge hat.

Variation:

Weitere Varianten: Du kannst natürlich auch ein zweites Garn über dein bereits gewickeltes Armband wickeln oder kleine Anhänger und Quasten einarbeiten.

FROM .... to ....

Mein Hermann für dich

Damit dein Hermann wächst und gedeiht, braucht er nicht viel. Was genau er benötigt, um am Ende ein leckerer Kuchen zu werden, steht hier:

Tag 1: Hermann möchte in Ruhe gelassen werden.

Tag 2-4: Hermann sollte einmal am Tag umgerührt werden.

Tag 5: Heute hat Hermann Hunger. Gib ihm 100 g Mehl, 150 g Zucker, 150 g Milch. Nun braucht er etwas Bewegung. Rühre ihn gut um.

Tag 6-9: Rühre ihn einmal am Tag um. Du wirst sehen, jetzt wächst Hermann gewaltig.

Tag 10: Heute ist es so weit und du kannst Hermann teilen und backen. Dazu fütterst du ihn noch einmal mit 100g Mehl, 150g Zucker, 150g Milch. Alles verrühren und in vier Teile aufteilen.

Verschenke einen Hermann

Teile Hermann in vier Teile:

- 1 Teil nimmst du zum Backen.
- 1 Teil um dir einen neuen Hermann zu machen (starte dazu wieder bei Tag 1).
- 2 Teile füllst du jeweils in ein Glas und verschenkst es an Freunde.
  Gib ihnen diese Anleitung zur Pflege mit. Eine Portion entspricht etwa 200g.

Das einfachste und schnellste Rezept:

Du brauchst:

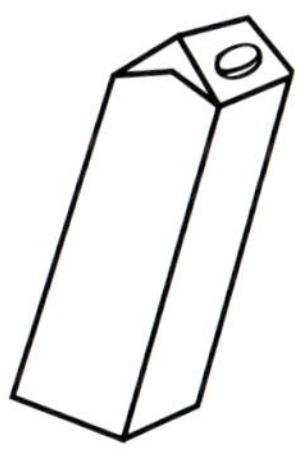

2 Tassen Mehl
1 Tasse Zucker
1 Tasse Milch
½ Tasse Öl
3 Eier
1 Päckchen Vanillezucker
1 Päckchen Backpulver

Worauf hast du heute Lust? Zimt, Nüsse, Äpfel, Rosinen, Kokos, oder Kakao oder alles zusammen? Je nach Geschmack und Laune kannst du Hermann verfeinern mit was auch immer du möchtest und er schmeckt jedes Mal anders.

Alle Zutaten mischen und nun in eine gefettete Kastenform füllen.
Danach wird er bei 180 °C ca. 45 Min. gebacken.

Ich bin...

ICH KANN IM LEBEN ALLES SCHAFFEN, WAS ICH WILL

ICH BIN KLUG

ICH BIN IN SICHERHEIT

ICH BIN STARK

ICH WERDE GELIEBT

Lars Amend

Hier eine kleine Vorschau an Affirmationen für dich in unserer DIGIbib:

DU HAST NOCH NICHT GENUG UND MÖCHTEST DICH WEITER INFORMIEREN UND ETWAS TUN?

Hier findest du weitere Links und Anlaufstellen

KIT KLIMA MONSTER

Ein liebenswertes Monster, das dir alles rund um Klimaschutz und was wir dazu beitragen können zeigt!

AGENDA 2030

Infos und „TU DUS" rund um die Ziele für nachhaltige Entwicklung.

NATURSCHWÄRMER

Hier findest du eine umfangreiche Sammlung an Aktionen rund um Nachhaltigkeit und Umwelt. Bau-, Bastel- oder Gestaltungstipps, Geschichten, Spiele, Rezepte und sonstige Mitmachangebote

ESSEN

Hier findest du einfache vegetarische und vegane Rezepte für die ganze Familie

ABENTEUER REGENWALD

Zeigt, warum Regenwald wichtig ist und was wir alle dafür tun können, um ihn zu retten.

BUNDESAMT FÜR NATURSCHUTZ

Eine Seite des Bundesamtes für Naturschutz mit vielen interessanten Informationen z.B. zu Müll in den Meeren, Nachhaltigkeit

FRAG FINN

Ist eine Suchmaschine für Kinder. Hier kannst du nach allen Themen suchen, die dich interessieren.

SCHULE

Mit viele Ideen, wie ihr euch für eine nachhaltige Entwicklung und den fairen Handel einsetzen könnt.

In der Schule lernen die Welt zu verändern.

Mehrfach ausgezeichnetes Projekt, das Kinder als nachhaltige Gestalter von morgen sieht.

HIER KANNST DU MITMACHEN:

Es gibt überall in ganz Deutschland Naturschutzgruppen für Kinder und Jugendliche. Wenn du Neues lernen und dich engagieren möchtest, ist das genau das Richtige für dich. Über die Internetseiten folgender Vereine kannst du dich über Aktionen und Treffen informieren.

Wie wars?

Erzähl Riida und der Autorin Eva Pilgrim, wie dir das Buch gefallen hat!

→ Jetzt QR-Code scannen!

Buchempfehlungen für Dich

Noch mehr Kreativ-Bücher zum gleichen Thema gesucht?

ISBN 978-3-7724-7653-2

ISBN 978-3-7724-4651-1

ISBN 978-3-7724-8483-4

ISBN 978-3-7724-7172-8

ISBN 978-3-7724-8460-5

ISBN 978-3-7724-8423-0

ISBN 978-3-7724-4670-2

ISBN 978-3-7724-4671-9

ISBN 978-3-7358-9034-4

Viele weitere Kreativ-Bücher findest du auf www.TOPP-kreativ.de

Entdecke auch unsere ....

ISBN 978-3-7358-9069-6

ISBN 978-3-7358-9062-7

ISBN 978-3-7358-9061-0

ISBN 978-3-7724-8437-7

ISBN 978-3-7724-4393-0

ISBN 978-3-7724-4617-7

ISBN 978-3-7358-9066-5

ISBN 978-3-7358-9009-2

ISBN 978-3-7358-9010-8

#TOPPPROJEKT

Die eigene Kreativität zeigen: TOPPprojekt mit anderen Kreativen teilen und Teil der Gemeinschaft werden.

DIY-begeistert und auf Instagram? Dann unbedingt mitmachen! Hier gibt's Tipps und Feedback zu den eigenen Projekten. Außerdem verlosen wir jeden Monat ein Überraschungspaket. Um am Gewinnspiel teilzunehmen, einfach ein Bild vom Kreativ-Projekt aus unseren Büchern mit #TOPPprojekt posten und unserem Account @frechverlag folgen. Mehr Infos auf TOPP-kreativ.de/TOPPprojekt

Website
Auf TOPP-kreativ.de kannst du ein riesiges Angebot von über 1.000 Kreativbüchern, Sets & mehr entdecken.

Newsletter
Gleich anmelden unter: TOPP-kreativ.de/newsletter und immer als Erstes von unseren Neuheiten und Sonderaktionen erfahren.

Instagram
@frechverlag

Pinterest
pinterest.com/frechverlag

Facebook
facebook.com/frechverlag

DigiBib
Hier findest du zusätzlich zu vielen unserer Bücher digitale Extras, wie Video-Tutorials, Plotter-Dateien, Vorlagen, Übungsblätter & vieles mehr. Einfach im Impressum deines TOPP-Buchs den Freischalte-Code nachschlagen und exklusive Inhalte freischalten. TOPP-kreativ.de/digibib

Youtube
youtube.com/frechverlag

Wer wir sind, wie wir arbeiten, was wir lieben ...

Auf Instagram, Facebook und Pinterest findest du mehr über uns und unsere Arbeit und wirst immer schnell und einfach mit den neuesten Infos versorgt.

Alle News, alle Infos und alle Links findest du auf www.TOPP-kreativ.de

Eva Pilgrim

Eva Pilgrim lebt mit ihrem Mann und ihren zwei Kindern in der Nähe von Stuttgart. Wer sie sucht, findet sie entweder mit ihren Jungs auf kleinen und großen Abenteuern in der Natur oder aber beim Erwecken und Erforschen neuer kreativer Spiel- und Lernideen. Ihre Erfahrungen als Pädagogin teilt sie auf ihrem Instagram Account **kleine_schlawiner**. Ob einfache Experimente oder abwechslungsreiche Ideen für Kinder, alles lässt sich ohne großen Aufwand „Ruck Zuck" umsetzen.

Ein respektvoller und nachhaltiger Umgang mit der Natur ist Eva schon immer wichtig gewesen, aber jetzt als Mutter liegt es ihr besonders am Herzen ihren Kindern zu erklären was das genau bedeutet.

Kreativ-Hotline

Hilfestellung zu allen Fragen, die Materialien und Bücher zu kreativen Hobbys betreffen: Wir beraten Sie. Rufen Sie an oder schreiben Sie eine E-Mail!

Telefon: 0711 / 123 757 20*

E-Mail: mail@kreativ-service.info

*normale Telefongebühren

Impressum

FOTOS: frechverlag GmbH, 70839 Gerlingen; lichtpunkt, Michael Ruder, Stuttgart; Illustrationen Icons 17 Ziele: shutterstock (yukipon)

PRODUKTMANAGEMENT UND LEKTORAT: Mirjam Buchwald

COVERGESTALTUNG: Tatjana Weiß

LEKTORAT: Nele Thiemann

DESIGN: Maria Hecher

SATZ: FSM Premedia GmbH & Co. KG, Münster

DRUCK UND BINDUNG: DZS Grafik

FREISCHALTE CODE: 59340

1. Auflage 2023

ISBN 978-3-7358-9053-5 • Best.-Nr. 29053

MIX
Papier aus verantwortungsvollen Quellen
FSC® C106600

Penguin Random House Verlagsgruppe
FSC® N001967

DANKE!

Zuerst gilt mein Dank dir, da du dieses Buch in deiner Hand hältst. Je mehr Menschen etwas von den 17 Zielen erfahren, umso größer ist die Chance, dass immer mehr Menschen mitmachen und etwas ändern wollen.

Mein ganz besonderer Dank gilt meiner lieben Produktmanagerin und Ansprechpartnern Mirjam Buchwald. Danke, für unseren wertvollen Austausch und deine Geduld. Du hast mich durch den gesamten Prozess an die Hand genommen und mir gezeigt, dass auch ich ein Buch schreiben kann.

Außerdem danke ich Michael Ruder, für seine Fotos und den Blick auf die Details, Maria Hecher für ihre anschauliche Umsetzung der Texte in Illustrationen und Rico Design für die Unterstützung durch wunderschöne, kunterbunte Bastelmaterialien..

Zuletzt, aber vor allem geht ein Danke an meine Familie, dass sie diese intensive Reise mit mir gegangen ist.

Allen voran an meinen lieben Mann Dominik, der mir in den letzten Monaten wo er nur konnte den Rücken frei gehalten hat. Danke auch, dass du mich wo immer du kannst unterstützt und mir Mut machst an mich zu glauben.

Danke an meine zwei wundervollen Söhne Karl und Luis, die mich jeden Tag mit ihrer Neugier anstecken und inspirieren auch selber noch mehr für andere und unsere Umwelt zu tun. Hört nie damit auf, uns Erwachsene und die Welt um euch herum zu hinterfragen.

Denn die Welt braucht EUCH!